Kurai Muki Pattern Sewing
# 크라이 무끼의 LaLaLa4
## 오버록 미싱 ★ 남성복

오버록 미싱을 사용하면
소잉이 더욱 재미있습니다.
오버록 미싱은 천 가장자리 처리뿐만 아니라
봉합도 함께 할 수 있어 매우 편리합니다.

오버록 미싱을 처음 쓰시는 분이라도
이 책에서 만드는 요령을 익히면
매우 쉽고! 예쁘게! 옷을 만들 수 있습니다.

폭 넓게 활용할 수 있도록
S부터 XL까지 5사이즈를 수록했습니다.
S사이즈라면 여성의 L사이즈로도 입을 수 있습니다.
사용하기 편하게 시접이 포함된 패턴을 준비했습니다.

이 책을 사용해서
여성이 남성을 위해 옷을 만들어 주는 것은 물론,
남성도 흥미를 느껴 자신의 옷을 만드는
Men's Sewinger가 늘어나길 바랍니다.

크라이 무끼

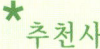 추천사

하루가 다르게 급변하는 시대를 살아가는 요즘
소잉 문화의 수준 또한 날로 발전함을 느끼게 됩니다.
그러나 소잉하는 사람의 사랑과 정성만큼은
예나 지금이나 변함이 없는 것 같습니다.
사랑하는 사람들을 위해 소잉은 시작되는 것이 아닐까 생각해봅니다.
넘쳐나는 소잉 정보의 홍수 속에 살지만
여성과 아이들을 위한 소잉책은 무척이나 흔한 반면
남성복에 대한 정보는 매우 보기 어렵습니다.
특히 아이들 옷은 다양한 서적을 응용할 수 있고,
여성복은 다양한 교육장에서 패턴과 제작방법을 배울 수 있습니다.
하지만 남성복은 배우기도 쉽지 않고
특히 패션소잉의 꽃인 패턴은 더욱더 구하기 어렵습니다.
여성복보다 원단도 심플하고 디자인도 간단한 남성복의 패턴은
무엇보다 희소성이 있습니다.

그런 편협된 패션소잉 환경 속에서 '크라이 무끼의 LaLaLa4 남성복'은
소잉 강사와 작가로서 너무나 반가운 오아시스와 같습니다.
특히 남성복을 오버록 미싱으로 이렇게 다양하게 만들 수 있다는 사실이
더욱더 놀라울 뿐입니다.

'크라이 무끼의 LaLaLa4 남성복'은 오랜 기간 소잉 작가와 강사활동을
해온 크라이 무끼 작가가 그간 노하우와 제자들과의 소통 속에서
전달되어야 할 중요한 소잉 TIP들을 얘기하고 표현하였습니다.
책의 구성은 정말 소잉의 달인이라는 표현이 아깝지 않습니다.
간단하게 입을 수 있는 티셔츠부터, 카디건, 후드티, 바지, 재킷,
점퍼까지 섭렵하다 보면 어느새 당신은 남편과 남자친구에게
진심으로 사랑받는 행복한 여성이 되어 있을 겁니다.

소잉을 하는 사람이라면 꼭 갖춰야 하는
필수 서적 '크라이 무끼의 LaLaLa4 남성복'
한국에서도 이렇게 훌륭하고 항상 독자를 생각한 소잉북이
많이 출간되기를 기대해 봅니다.

2012년 춘천에서
김 현 미 작가 (KMSA 한국미싱소잉협회 이사)

 Contents

## A 기본 T셔츠

**기본형**
# A1 라운드 T셔츠
*P.8* 만드는 방법 *P.24* 실물크기 패턴 **1**면

 오버록 미싱
- 맞춤점 표시 방법
- 「골선」으로 표시된 봉합 방법 요령
- 병풍접어 박기

# A3 V넥 T셔츠
*P.10* 만드는 방법 *P.28* 실물크기 패턴 **1**면

오버록 미싱 | 가정용 미싱
- V넥의 옷깃 다는 방법

# A2 목폴라 셔츠
*P.9* 만드는 방법 *P.27* 실물크기 패턴 **1**면

 오버록 미싱
- 원단의 신축성 측정방법

# A4 헨리넥 셔츠
*P.11* 만드는 방법 *P.28* 실물크기 패턴 **1**면

오버록 미싱 | 가정용 미싱
- 가슴 트임을 만드는 방법
- 커버스티치의 처리

커버 스티치 미싱

---

화보는 L사이즈. 사진설명서는 S사이즈로 만들었습니다.
**아이콘의 설명**: 이 책에서 사용하고 있는 미싱의 기종입니다. 어떤 미싱을 사용했는지 아이콘으로 표시하고 있습니다.

 오버록 미싱 — 1대로 대활약 2본침 4본사의 오버록 미싱 *P.58*

 커버스티치 미싱 — 커버스티치가 가능 오버록 미싱 「커버스티치」 *P.61*

웨이브 미싱 — 물결무늬의 장식 봉합이 가능 오버록 미싱 「웨이브」 *P.61*

 가정용 미싱 — 직선, 지그재그 등에 사용 가정용 미싱

## B 래글런 슬리브

기본형
### B1  래글런 후드T
*P.12*  만드는 방법 *P.30*  실물크기 패턴 **2**면

오버록 미싱
- 벌려주기 봉합의 장식스티치
- 병풍접어 박기
- 벌려주기 봉합·실 양끝처리

### B2  짚업 블루종
*P.13*  만드는 방법 *P.33*  실물크기 패턴 **2**면

 가정용 미싱
- 파이핑 처리 방법
- 오픈 지퍼 달기

## C 셔츠

기본형
### C1  스탠드 칼라 셔츠
*P.14*  만드는 방법 *P.36*  실물크기 패턴 **3**면

- 칼라 다는 방법

### C2  오픈 칼라 셔츠
*P.15*  만드는 방법 *P.39*  실물크기 패턴 **3**면

- 칼라 다는 방법

 **D** 재킷

기본형

## C3  폴로 셔츠
*P.16*  만드는 방법 *P.41*  실물크기 패턴 **3**면

오버록 미싱 | 가정용 미싱 ●앞트임 봉합 방법

## D1  테일러드 칼라 재킷
*P.18*  만드는 방법 *P.46*  실물크기 패턴 **4**면

  ●웨이브록의 장식 오버록

## C4  카디건
*P.17*  만드는 방법 *P.44*  실물크기 패턴 **3**면

오버록 미싱 | 가정용 미싱
●옷깃 다는 방법
●가장자리의 모양 맞추기

## D2  숄 칼라 재킷
*P.19*  만드는 방법 *P.50*  실물크기 패턴 **4**면

  ●「테이핑 노루발」의 사용 방법

화보는 L사이즈. 사진설명서는 S사이즈로 만들었습니다.
**아이콘의 설명** : 이 책에서 사용하고 있는 미싱의 기종입니다. 어떤 미싱을 사용했는지 아이콘으로 표시하고 있습니다.

 1대로 대활약
2본침 4본사의 오버록 미싱
😊 *P.58*

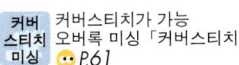 커버스티치가 가능
오버록 미싱「커버스티치」
😊 *P.61*

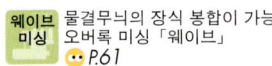 물결무늬의 장식 봉합이 가능
오버록 미싱「웨이브」
😊 *P.61*

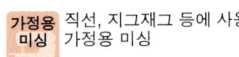 직선, 지그재그 등에 사용
가정용 미싱

## E 바지

**기본형**
# E1  반바지
*P.20*  만드는 방법 *P.52*  실물크기 패턴 **1**면

`오버록 미싱` `가정용 미싱`  ●소잉테이프 다는 방법(테이핑 노루발)  ●「커버스티치 미싱」의 커버스티치  `커버 스티치 미싱`

# E2  긴 바지
*P.21*  만드는 방법 *P.52*  실물크기 패턴 **1**면

`오버록 미싱` `가정용 미싱`  ●소잉테이프 다는 방법(테이핑 노루발)  ●「커버스티치 미싱」의 커버스티치  `커버 스티치 미싱`

## F 조끼

**기본형**
# F1  캐주얼 양면 조끼
*P.22*  만드는 방법 *P.54*  실물크기 패턴 **4**면

`오버록 미싱`  ●옷깃 끝 포인트의 봉제방법

# F2  포멀 양면 조끼
*P.23*  만드는 방법 *P.57*  실물크기 패턴 **4**면

`오버록 미싱` `가정용 미싱`  ●「커버스티치 미싱」의 커버스티치  `커버 스티치 미싱`

---

기성품과 같은 완성의 비밀은?
**알아두고 싶은
오버록 미싱의 기초**  *P.58*

오버록 미싱의 사용방법을 알자
**기본 부분 봉합**  *P.60*

다양하고 특이한
**스티치의 종류**  *P.61*

작품의 완성도를 좌우하는 중요한 실 고르기
**실에 대해서**  *P.62*

어떤 원단을 고르면 좋을까?
**저지에 대해서**  *P.63*

만들기 전에 알아둬야 할 것
**패턴 만드는 방법**  *P.64*

도구 선택은 소잉 상급자로 가는 지름길
**정말 편리한 소잉용품**  *P.65*

# A1
**라운드 T셔츠**

만드는 방법 😊 *P.24*
실물크기 패턴 **1**면

오버록 미싱만으로 만들 수 있는
기본형 T셔츠.
이 작품으로 오버록 소잉의
기본기를 다져보세요.

# A2
## 목폴라 셔츠

만드는 방법 P.27
실물크기 패턴 **1**면

3시즌 활용 가능한
목폴라 셔츠.
어느 옷에나 잘 어울리는
활용도 높은 아이템.

〔참고 작품〕
터틀넥은 머리가 쑥 들어갈 수 있는 스판성이 좋은 원단을 고르는 것이 포인트!!

# A3
**V넥 T셔츠**

만드는 방법 😊 *P.28*
실물크기 패턴 **1**면

목이 시원하게 파인 V넥은
쿨한 스타일의 남자로
만들어 줍니다.

〔참고 작품〕
통기성이 좋은 싱글
니트 소재로 착용감
이 GOOD!!
흰색과 파란색의 줄
무늬가 상쾌함 UP!!

# A4
**헨리넥 셔츠**

만드는 방법  P.28
실물크기 패턴 **1**면

캐주얼한 스타일이 여름 의상으로 제격!!
앞여밈과 옷깃둘레에
다른 컬러를 사용한 것이 포인트!

# B1
### 래글런 후드T

만드는 방법 😊 *P.30*
실물크기 패턴 **2**면

소맷부리와 옷자락의
벌려주기 봉합 장식스티치가
디자인 포인트.

〔참고 작품〕
원단과 보색인 실을
사용하여 스티치를
돋보이게 합니다.

# B2
## 짚업 블루종

만드는 방법 P.33
실물크기 패턴 2면

소매의 중앙과
래글런 슬리브 라인에 끼운
파이핑이 포인트!!
짚업 스타일의 점퍼는
편안하고 활용도 높은 아이템.

〔참고 작품〕
회색원단에 하늘색 파이핑과 지퍼의 조화가 스포티한 느낌을 살려줍니다.

# C1
**스탠드 칼라 셔츠**

만드는 방법 *P.36*
실물크기 패턴 **3**면

원단에 따라
정장으로도, 캐주얼로도
입을 수 있는 셔츠.
이 작품에서 칼라 다는 방법을
마스터 해보세요.

〔참고 작품〕
그린에 옐로우 도트
무늬가 부드러운 분
위기를 연출. 이른봄
에 어울리는 셔츠.

# C2
**오픈 칼라 셔츠**

만드는 방법 P.39
실물크기 패턴 **3**면

뽐내지 않고도 맵시 있게 입을 수 있는
알로하셔츠는
한여름의 필수 아이템!
풀어 헤친 옷깃으로
시원하고 멋스럽게 연출해 보세요.

〔참고 작품〕
다양한 소재의 선택으로 오리지널 알로하셔츠를 즐겨보세요.

# C3
**폴로 셔츠**

만드는 방법 *P.41*
실물크기 패턴 **3**면

앞트임 만드는 방법이
포인트인 폴로 셔츠.
작업순서만 따라하면
누구나 쉽게 만들 수 있어요.

〔참고 작품〕
칼라와 앞트임은 다른
색을 사용한 표준형의
폴로 셔츠.

# D1
### 테일러드 칼라 재킷

만드는 방법 😊 P.46
실물크기 패턴 **4**면

니트소재의 신축성을 살린 재킷은
캐주얼한 스타일의 완성!!
테일러드 칼라는 세워서 입어도
멋스럽습니다.

# D2
**숄 칼라 재킷**

만드는 방법 P.50
실물크기 패턴 4면

오버록 미싱을 이용하여
칼라둘레, 밑단, 주머니를
파이핑 스타일로 처리하면
트렌디한 재킷 완성.

〔참고 작품〕
원단과 인터록에 사용하는 실만으로도 옷의 분위기가 확 달라집니다.

# E1
**반바지**

만드는 방법 😊 *P.52*
실물크기 패턴 **1**면

한여름 바캉스를 떠날 때나
휴일을 즐길 때도
편안한 스타일을 연출.

# E2
**긴 바지**

만드는 방법 *P.52*
실물크기 패턴 **1**면

스트링 끈으로
사이즈 조절이 가능하여
편안한 착용감과 함께
홈웨어로 인기 만점!!

# F1
## 캐주얼 양면 조끼

만드는 방법 😊 *P.54*
실물크기 패턴 **4**면

양면으로 입을 수 있어
색다른 연출이 가능한 실용적인 아이템.
겉은 벨루어, 안은 싱글니트로
깔끔하고 캐주얼하게 코디를 완성.

〔참고 작품〕
몸에 딱 맞는 슬림
Fit으로 입었을 때
더욱 멋스러운 스
타일.

# F2
### 포멀 양면 조끼

만드는 방법 P.57
실물크기 패턴 4면

앞단추가 있어 편리하며
겉옷으로 가볍게
걸쳐 입는 아이템.
실용성이 높은 양면 조끼는
나의 Best Item!!

〔참고 작품〕
모스그린과 그레이
컬러의 조화로 연령
에 구애받지 않는 코
디가 가능한 스타일.

## 오버록 미싱을 준비하자!

- 이 책에서 사용하는 기본 오버록 미싱은 「무끼로록」(베이비록)입니다.
- 만드는 방법 안에 별도로 언급하지 않은 경우는 모두 아래와 같이 미싱을 설치해 주세요.

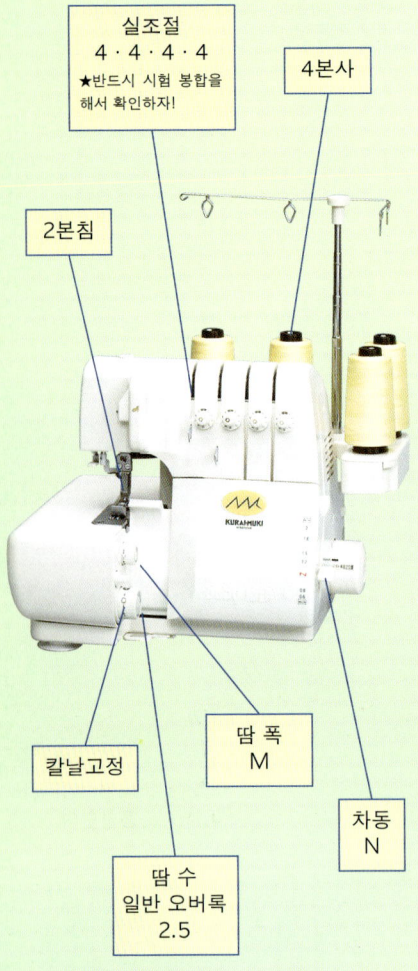

- 실조절 4·4·4·4 ★반드시 시험 봉합을 해서 확인하자!
- 4본사
- 2본침
- 칼날고정
- 땀 폭 M
- 차동 N
- 땀 수 일반 오버록 2.5

### 바늘에 대해서
- 이 책에서는 저지 등의 신축성있는 원단을 봉합할 경우 「니트용 미싱바늘」(11번)을 사용하고 있습니다. 바늘 끝이 둥그렇기 때문에 원단 올이 튕기지 않고 깨끗하게 완성됩니다.

### 만든 작품에 대해서
- 이 책에서 만든 작품은 모두 S사이즈입니다.
- 순서를 알기 쉽게하기 위해 눈에 잘 보이는 색의 실을 사용하고 있습니다. 또 소잉테이프와 심지는 검은색을 사용하고 있습니다.
- 패턴 만드는 방법은 P.64를 참조해 주세요.

P.8···

## A1 라운드 T 셔츠

패턴A의 오버록 미싱만으로 만들 수 있는 기본 T셔츠 만드는 방법입니다.

 오버록 미싱  사용기법 옷자락 병풍접어 박기

### 1 재단한다.

● 재단배치도

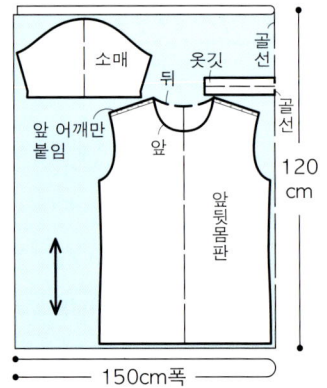

소매 / 뒤 / 옷깃 / 골선 / 앞 어깨만 붙임 / 앞 / 앞뒷몸판 / 120cm / 150cm폭

● 재료
150cm폭 싱글저지 × 120cm
소잉테이프
ATHENA 코아사 4개
■ 요척량은 S~XL까지 공통입니다.

원형 재단칼을 사용하면 곡선도 깨끗이 자를 수 있어요!

부록의 시접포함 실물크기 패턴을 베껴 패턴을 준비한다. 재단배치도에 따라 패턴을 배치하고 재단한다.
😊 P.64 참조

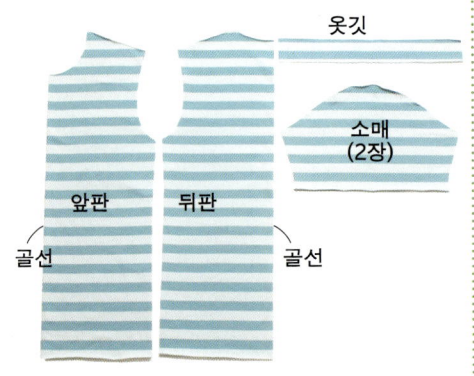

옷깃 / 소매 (2장) / 앞판 / 뒤판 / 골선 / 골선

### 2 표시를 한다.
가윗집이나 지워지는 초크펜을 사용하여 맞춤점이나 앞뒷중심점을 표시한다.

**Point** 가윗집 주는 방법

가위 끝을 사용해 맞춤점의 위치에 2~3mm의 가윗집을 준다. 가윗집은 너무 깊이 자르지 않도록 주의.

2~3mm

중심은 비스듬히 자른다.

중심 골선

앞뒷중심은 가위를 비스듬히 넣어서 삼각으로 잘라낸다. 이때도 2~3mm 깊이로 가윗집을 준다.

펴면 삼각형

## 3 어깨에 소잉테이프를 붙인다.

앞몸판(안)의 어깨 시접에 소잉테이프를 다리미로 붙인다.

다리미는 드라이로 설정

## 4 정리해서 다림질을 한다.

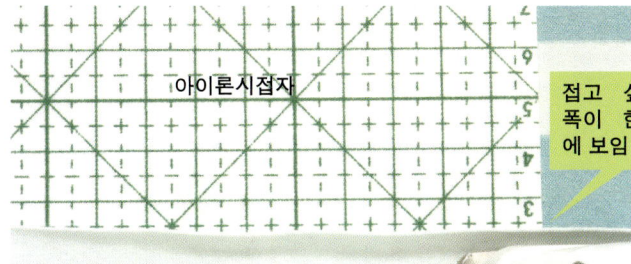

아이론시접자

접고 싶은 폭이 한눈에 보임

소맷부리, 몸판 밑단의 시접을 미리 다림질해 접어놓는다. 각 부분을 봉합하기 전에 다림질해 두면 마지막 작업 시 편리하다. P.65 참조

반으로 접는다.

3cm　　3cm　　2.5cm

## 5 어깨를 봉합한다.

앞뒷몸판의 겉끼리 마주대고 어깨를 봉합한다. P.65 참조

봉합 끝실은 묶는다.

봉합의 시작과 끝은 확실하게 단단히 묶고 자른다. 이렇게 하면 절대 풀리지 않아 안심.

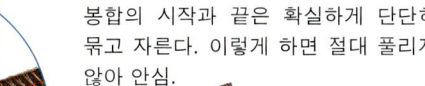

## 6 옷깃을 만든다.

1 옷깃천 양옆을 겉끼리 마주대고 봉합하여 고리모양으로 만든다.

시접은 한 방향으로 넘기지 않고 서로 다른 방향으로 넘긴다.

2 안과 안을 맞대고 접어 다리미로 형태를 정리한다.

## 7 옷깃을 단다.

뒷중심을 맞춘다.

옷깃의 이음선과 몸판 뒷중심을 맞추고 균등하게 집게로 고정해간다.

옷깃을 위로해서 옷깃을 늘리듯이 봉합한다.

## 8 소매를 단다.

1 소매와 몸판의 겉끼리 마주대고 소매산의 중심과 몸판 어깨를 몸판이 위로 소매가 아래로 오게 위치시킨다.

앞몸판　뒷몸판

소매

2 봉합한다.

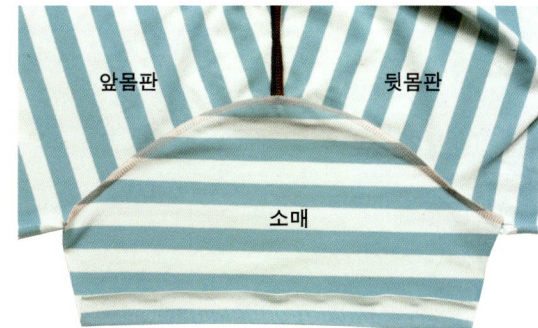

앞몸판　뒷몸판

소매

### Point 봉합 끝이 겹치는 곳의 봉합 방법

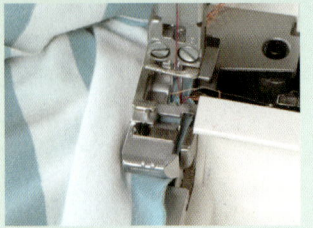

● 봉합 시작
노루발과 바늘을 올려 천을 똑바로 놓는다. 노루발을 내리고 시작. 칼날은 고정한다.

● 봉합 방법의 요령
원단이 겹쳐있으면 아래 원단이 어긋나서 봉합이 힘들다. 핀셋으로 아래 원단을 꺼내면서 봉합하면 작업이 편하다.

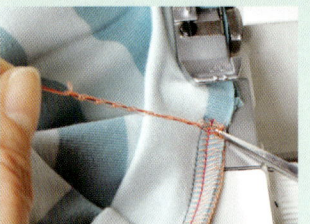

● 봉합 끝
둘레를 오버록하고, 봉합 시작 위치가 보이면 봉합 시작 시 여분의 실을 자르고 2~3cm 꿰매 겹친다.

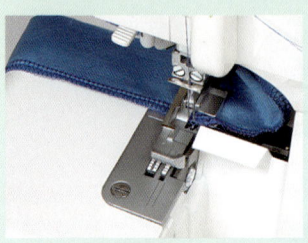

2~3cm 꿰매 겹치면 바늘과 노루발을 올려 원단을 빼내어 노루발을 내리고, 그대로 미싱을 진행해 실을 자른다.

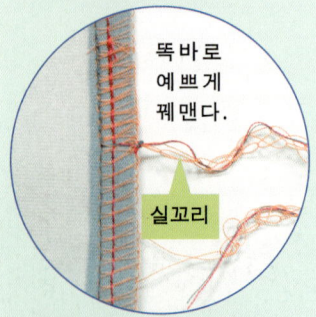

똑바로 예쁘게 꿰맨다.

실꼬리

실꼬리 봉합 시작하고 끝날 때 생긴 봉제실

● 실 끝 처리
실 끝은 묶고 나서 마무리. 바늘을 통과시켜 봉합선 사이로 끼워 넣는다.

○
위의 요령으로 꿰매면 봉합선은 똑바로 되고 깨끗하다.

✕  2~3cm
비스듬히 봉합 끝을 내면 별로 깨끗하지 않다.

---

**9** 소매 끝, 옆선을 봉합한다.
앞판과 뒤판의 겉과 겉을 맞대고 소매 끝부터 몸판 옆선을 'ㄱ'자로 봉합한다.

**10** 소맷부리, 밑단을 처리한다.
소맷부리와 밑단을 병풍접어 박기로 처리한다.

● 완성!

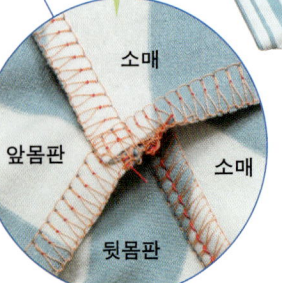

시접을 서로 다르게 넘긴다.

소매
앞몸판
소매
뒷몸판

### 병풍접어 박기

처음에 다려놓은 몸판 밑단(옷자락)과 소맷부리를 시접 끝부터 겉쪽으로 한 번 더 접어 꺾고, 집게로 고정시킨다.

안  겉

시접을 위로 해서 접은 단을 한바퀴 꿰맨다.

겉

시접의 끝에 고정한 밑단과 소맷부리를 몸판과 함께 박는다.

P.9···
# A2
## 목폴라 셔츠

오버록 미싱

터틀넥은 늘어나는 정도가 1.5배 이상인 원단으로 만들어요.

### ■ 원단의 늘어나는 정도를 잰다.
자를 대고, 어느 정도 원단이 늘어날지를 확인.

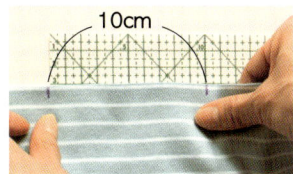
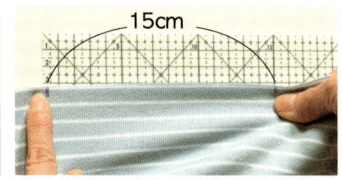

원단을 늘리지 않고 10cm 위치에 표시를 한다.

원단을 잡아당겨 1.5배 이상 늘어나는 것을 확인한다.

### 1 재단하고 표시를 한다.

● 재단배치도

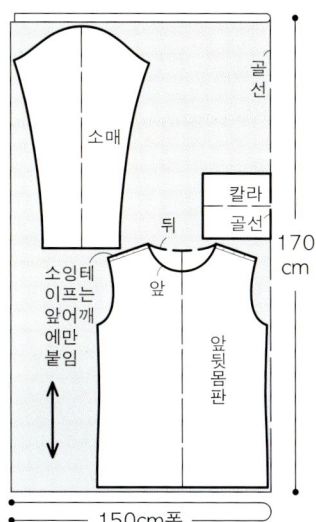

● 재료
150cm폭 후라이스 × 170cm
소잉테이프
ATHENA 코아사 4개
■ 요척량은 S~XL까지 공통입니다.

● 만드는 방법
1. 재단하고 표시를 한다.
2. 어깨에 소잉테이프를 붙인다.
3. 어깨를 봉합한다.
4. 칼라를 만들고 단다.
5. 소매를 단다.
6. 소매 끝, 옆선을 봉합한다.
7. 소맷부리, 몸판 밑단을 처리한다.

※5,6,7은 A1참조

### 2 어깨에 소잉테이프를 붙인다.
앞몸판 어깨 시접에 소잉테이프를 다리미로 붙인다. 옷자락(몸판 밑단)과 소맷부리를 미리 접어 다려둔다.

### 3 어깨를 봉합한다.
앞몸판과 뒷몸판의 겉과 겉을 맞대어 어깨를 봉합한다.

### 4 칼라를 만들고 단다.

1 칼라의 겉과 겉을 맞대고 연결하여 고리 모양이 되게 만든다.

2 안과 안이 맞닿게 반으로 접는다.

3 칼라의 연결선과 몸판의 뒷중심을 맞추고 몸판과 칼라를 집게로 균등하게 고정해 간다.

4 칼라를 늘리면서 옷깃둘레 맞춤점에 맞춰 봉합한다.

● 완성!

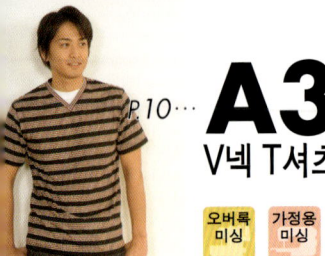

# A3
### V넥 T셔츠
P.10

오버록 미싱 / 가정용 미싱

## 1 재단하고 표시를 한다.

● 재단배치도

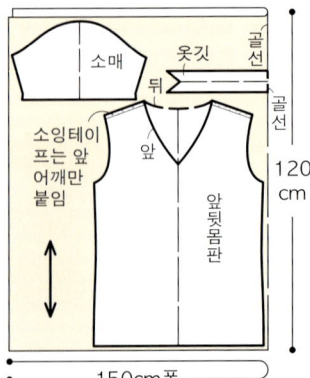

● 재료
150cm폭 싱글저지 × 120cm
소잉테이프
ATHENA 코아사 4개
■ 요척량은 S~XL까지 공통입니다.

● 만드는 방법
1 재단하고 표시를 한다.
2 소잉테이프를 붙인다.
3 어깨를 봉합한다.
4 옷깃을 만들고 단다.
5 소매를 단다.
6 소매 끝, 옆선을 봉합한다.
7 소맷부리, 밑단을 처리한다.

## 2 소잉테이프를 붙인다.

앞몸판 어깨 시접과 앞중심에 소잉테이프를 다리미로 붙인다.

## 4 옷깃을 만들고 단다.

1 옷깃의 겉과 겉을 맞대고 미싱으로 끝을 봉합한다.

2 안과 안을 맞대어 반으로 접어서 다림질을 한다.

3 삐져나온 시접 끝 모서리를 자른다.

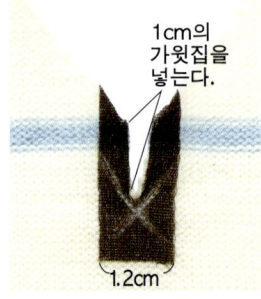

4 앞몸판의 앞중심에 가위로 가윗집을 넣는다.

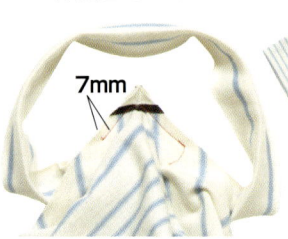

5 옷깃의 V자 끝부분과 앞중심의 가윗집을 준 부분의 중심을 맞춰 7mm폭으로 봉합한다.

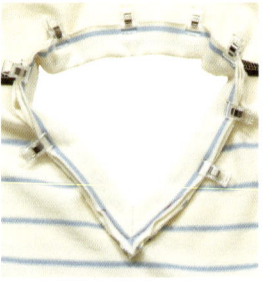

6 남은 옷깃을 몸판에 집게로 균등하게 고정한다.

오버록 미싱

7 앞중심부터 오버록 미싱으로 한바퀴를 돌려 봉합한다.

8 겉으로 뒤집고 다림질로 형태를 잡는다.

● 완성!

# A4
### 헨리넥 셔츠
P.11

오버록 미싱 / 가정용 미싱

## 1 재단하고 표시를 한다.

● 재단배치도

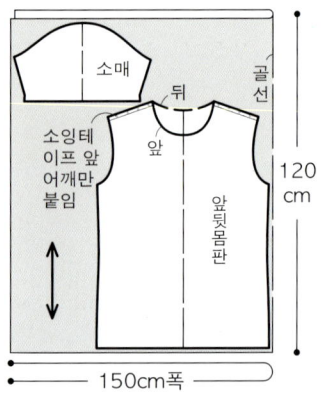

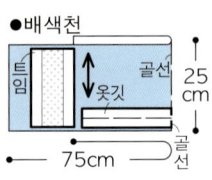

● 재료
150cm폭 싱글저지 × 120cm
배색천 75cm × 25cm
소잉테이프
15cm폭 소잉심지
패브릭 워셔블 매직테이프
ATHENA 코아사 4개
■ 요척량은 S~XL까지 공통입니다.

● 만드는 방법
1 재단하고 표시를 한다
2 어깨에 소잉테이프를 붙이고 트임에 접착심을 붙인다.
3 앞트임을 만든다.
4 어깨를 봉합한다.
5 옷깃을 단다.
6 소매를 단다.
7 소매 끝단, 옆선을 봉합한다.
8 소맷부리, 옷자락을 처리한다.

## 2 어깨에 소잉테이프를 붙이고, 트임에 접착심을 붙인다.

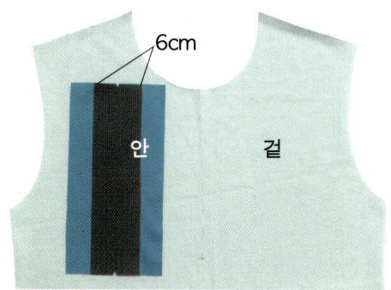

어깨 시접에 소잉테이프를 붙이고 트임에 접착심을 붙인다.

## 3 앞트임을 만든다.

1 앞중심과 트임에 표시를 하고, 겹쳐서 시침핀으로 고정한다.

2 트임을 미싱으로 꿰매고, 모서리(각)는 구석까지 사선으로 가윗집을 준다.

3 트임을 안으로 접어 뒤집고, 끝단에 패브릭 워셔블 매직테이프를 다리미로 붙인다.
😊 P.35 P.65 참조

4 트임을 몸판 겉쪽으로 되돌려 양옆 시접을 접어 다리고 트임을 반으로 접어 다려 아랫단을 오버록 미싱으로 처리한다.

5 트임감으로 3-2의 시접을 감싸면서 겉쪽에서 스티치를 한다.

6 트임을 마무리 형태로 정리하고 아래가 뜨지 않도록 겉에서 가로로 스티치를 한다.

## 5 옷깃을 단다.

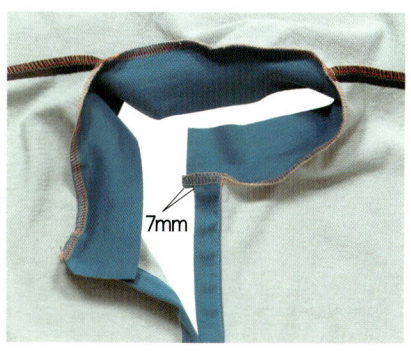

1 옷깃을 위로해서 옷깃과 몸판을 봉합한다.

**가정용 미싱**

2 양 옷깃 끝을 미싱으로 봉합, 시접은 봉합하지 않는다.

3 옷깃을 뒤집어서 밑단에 패브릭 워셔블 매직 테이프를 붙인다.

4 패브릭 워셔블 매직 테이프의 종이를 떼어내고, 다리미로 시접을 정리한다.

5 겉에서 스티치를 한다.

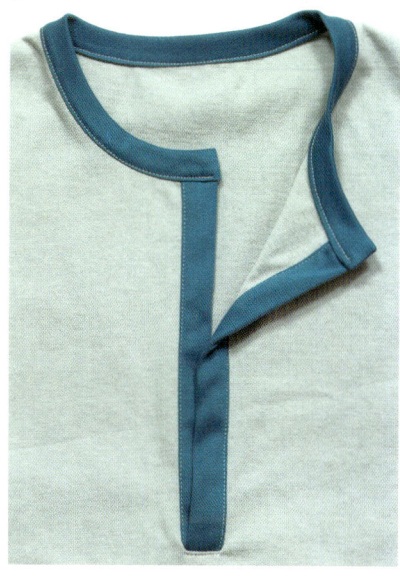

● 완성!

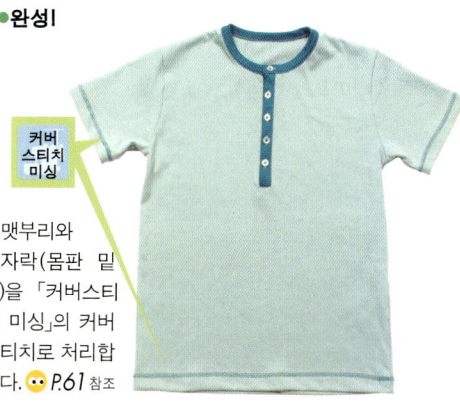

**커버 스티치 미싱**

소맷부리와 옷자락(몸판 밑단)을 「커버스티치 미싱」의 커버 스티치로 처리합니다. 😊 P.61 참조

단춧구멍 만드는 방법은 😊 P.40 참조

P.12… **B1** 패턴 **B**의 기본 만드는 방법입니다.

## 래글런 후드T

 오버룩 미싱   사용기법  병풍접어 박기.
벌려주기 봉합의 장식 스티치.

### 1 재단하고 표시를 한다.

● 재단배치도

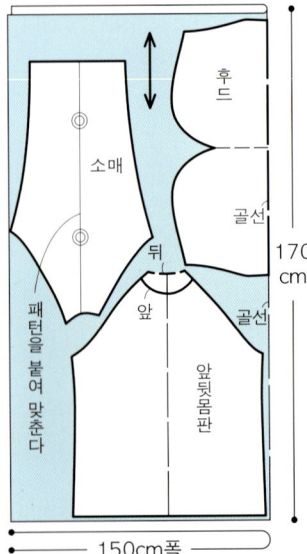

● 재료

150cm폭 양면저지 × 170cm
미로 우리실 2개 (상하루퍼실)
ATHENA 코아사 2개

■ 요척량은 S~XL까지 공통입니다.
■ 벌려주기 봉합은 상하루퍼실에
미로 우리실을 사용.
사진 작품은 침사로 Peacock 레인보우실을 사용.

### 2 소매를 단다.

1 소매와 몸판을 겉끼리 마주대고, 집게로 고정한 후 봉합한다.

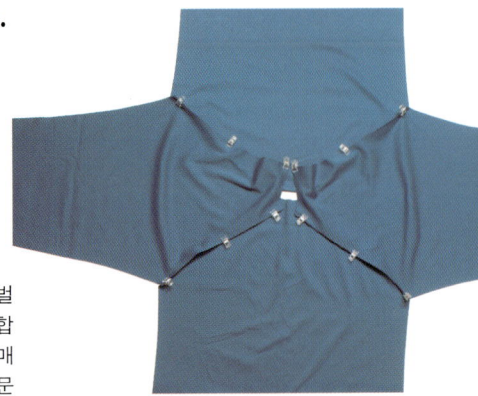

2 몸판과 소매를 벌려주기 봉합으로 봉합한다. 래글런의 소매선은 사선이기 때문에 늘어나기 쉬우므로 차동레버를 1.3~1.5 축소봉합으로 맞추고 꿰매면 깨끗이 완성된다.

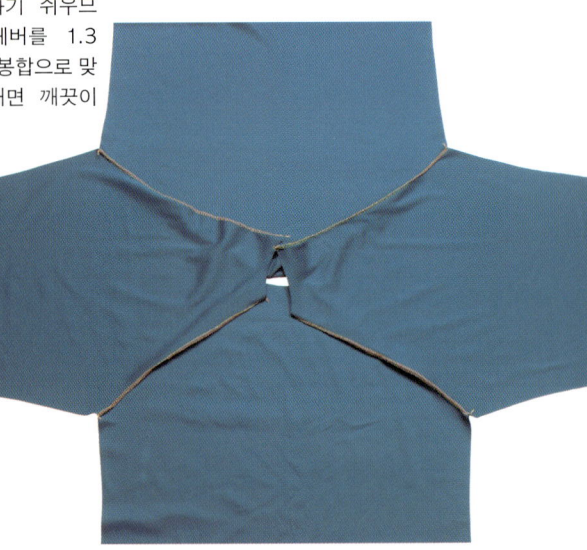

후드  앞몸판  뒷몸판  소매(2장)
골선  골선  골선
14cm  14cm  14cm

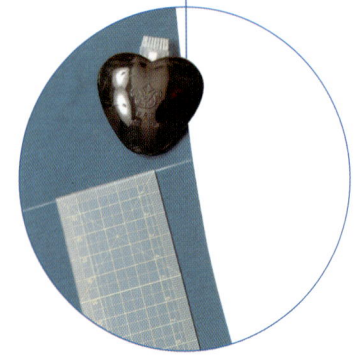

몸판의 밑단과 소매부리에 완성선을 표시한다. 표시는 시보리 2배의 길이(여기서는 14cm)를 표시한다. 완성선에 맞춰서 접으면 7cm로 완성된다.

### 벌려주기 봉합

침사의 실 조절을 느슨하게 하고, 봉제선을 늘리면서 장식 스티치를 한다.

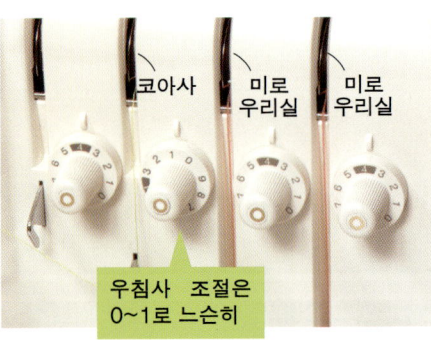

우침사 조절은 0~1로 느슨히

좌침을 빼고, 우1개침 3본사로 한다. 우침사의 실조절을 느슨하게 하고 칼날은 고정으로 설치한다. 침사로 ATHENA 코아사를 사용한다.

● 봉합선   상하 미로 우리실

  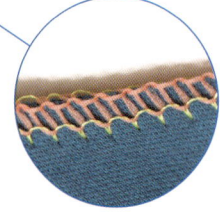

ATHENA 코아사

## 3 후드를 만들어 단다.

**1** 겉, 안 후드를 겉과 겉을 맞대어 집게로 고정한다.

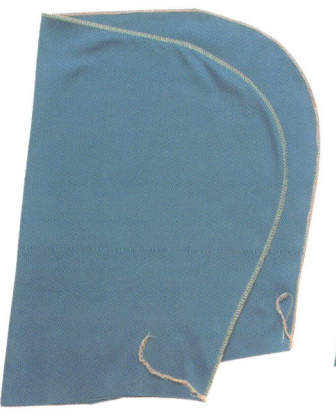 

**2** 앞뒷중심을 벌려주기 봉합으로 봉합한다.

**3** 겉으로 뒤집어서 형태를 정리한다.

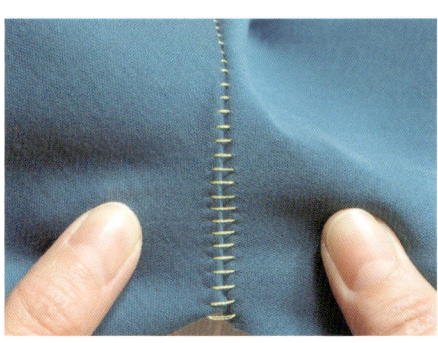

겉에서 봉합선을 좌우로 잡아당겨서 봉합선을 벌려준다. 느슨히 한 침사가 장식 스티치가 된다.

실 끝을 안쪽으로 묶어서 처리한다.

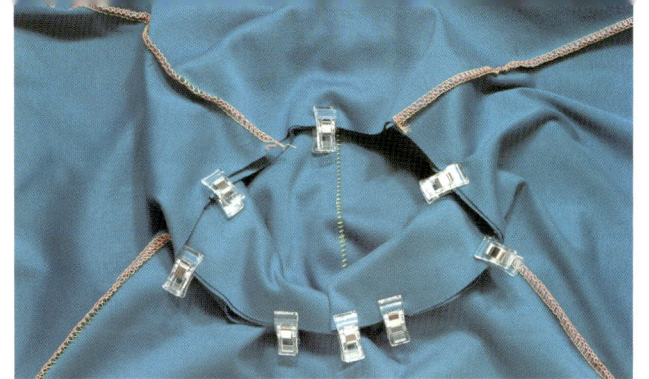

**4** 후드 겉감의 겉과 몸판 겉감의 겉의 맞춤점을 맞추고 집게로 고정한다.

### 4본사 오버록의 일반 봉합

침사조절은 4·4·4·4로 바늘과 실을 늘린다.

원단과 동색

후드를 몸판에 달 때는, 좌침에 실을 넣어 오버록 미싱으로 봉합한다.

오버록 미싱의 봉합은, 특히 좌침사를 원단과 동색으로 하면, 겉에서 봤을 때에 깨끗하게 완성된다.

**5** 후드의 양 끝은 앞중심에서 5mm 겹쳐서 몸판에 오버록 미싱으로 후드쪽을 위로해서 목둘레를 봉합한다.

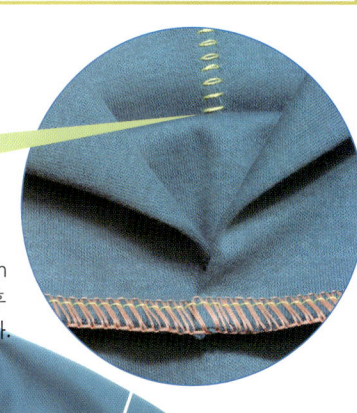

**4** 소매끝, 옆선을 봉합한다.
앞뒷몸판의 겉과 겉을 맞대고 소매끝부터 옆선을 연속해서 봉합한다.

**5** 소맷부리, 몸판 밑단(옷자락)을 벌려주기 봉합을 한다.

1본침 3본사로 되돌림

밑단을 접고 집게로 고정하면서 봉합한다. 옆선의 시접을 서로 반대로 넘기면 시접이 겹치지 않고 봉합하기 쉽다.

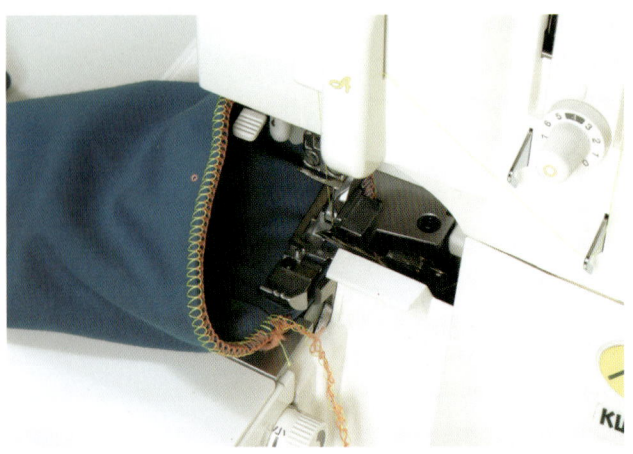

소맷부리를 병풍접어 박기한다. ☞ P.26 참조

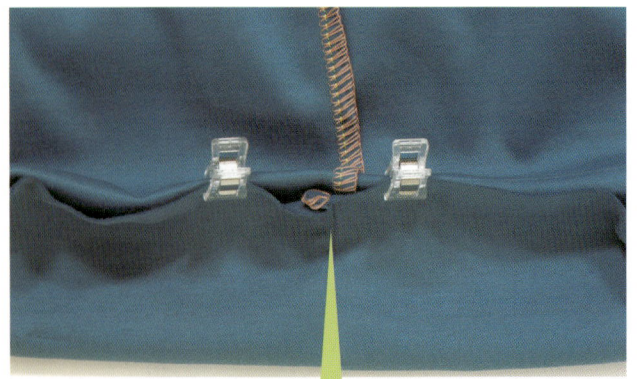

시접은 서로 반대로

### 벌려주기 봉합·실의 양끝 처리

벌려주기 봉합 부분은 겹치지 않고 닿을 듯이 봉합을 끝낸다.

겉쪽에서 봉합선을 편다.

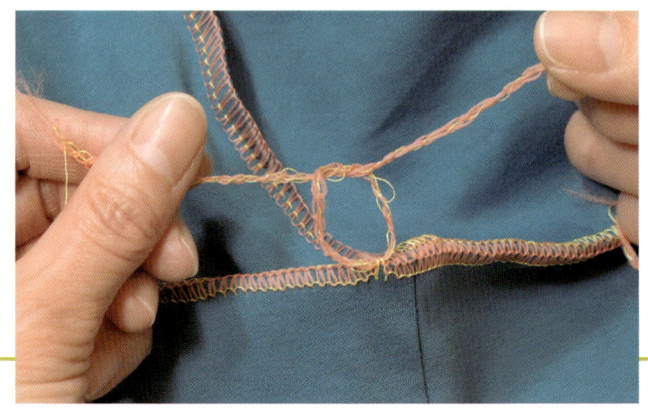

봉합선을 편 후 양끝의 실을 묶는다.

● 완성!

*P.13…* # B2
### 집업 블루종

 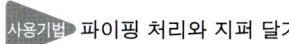 파이핑 처리와 지퍼 달기

## 1 재단하고 표시를 한다.

● 재단배치도

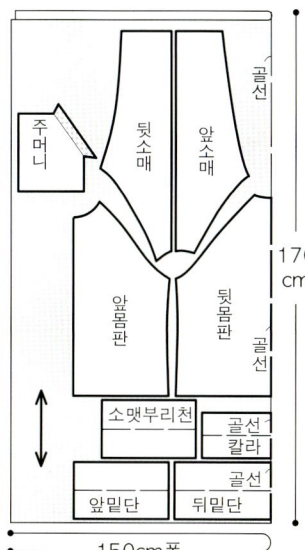

● 재료
150cm폭 기모 쮸리 × 170cm
점퍼 지퍼
5mm폭 파이핑코드
소잉테이프
패브릭 워셔블 매직테이프
ATHENA 코아사
■ 요척량은 S~XL까지 공통입니다.

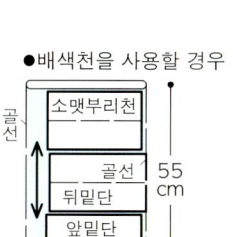

## 2 파이핑 코드를 단다.

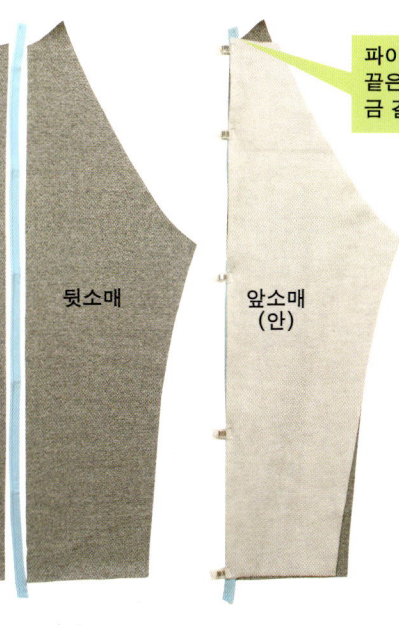

파이핑 코드의 양 끝은 소매보다 조금 길게 준비.

땀 폭 大
땀 수 일반 인터록 3
칼날고정

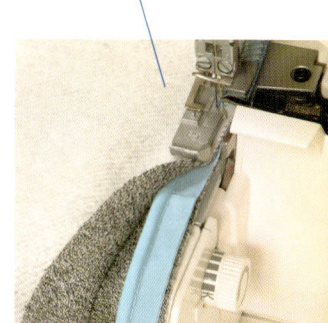

**1** 앞뒷소매와 파이핑 코드를 준비한다.

**2** 소매를 겉과 겉끼리 맞대고 파이핑 코드를 끼우고 집게로 고정한다.

**3** 앞뒷소매와 파이핑 코드를 함께 봉합한다.

### 파이핑 코드 노루발

노루발과 파이핑 코드의 위치관계

파이핑 노루발
(3mm용, 5mm용)

겉 — 코드의 사이에 바늘이 떨어진다.

안 — 파이핑 코드가 노루발 홈으로 따라 간다.

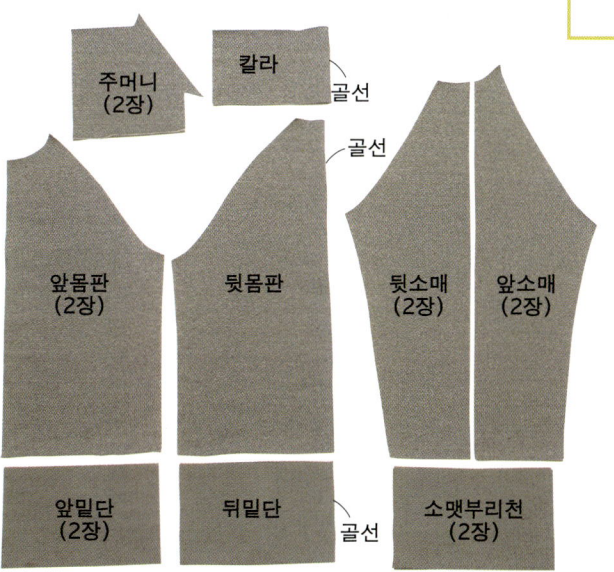

**4** 소매 중앙에 파이핑 코드가 봉합된 상태. 반대쪽 소매도 똑같이 봉합.

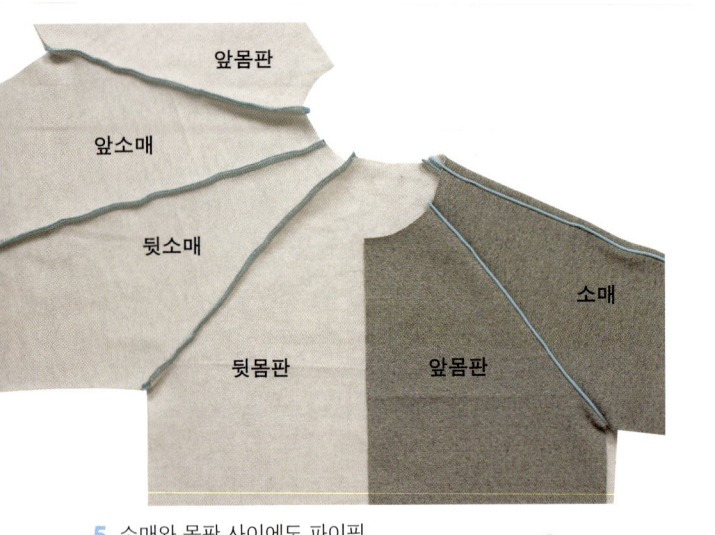

**5** 소매와 몸판 사이에도 파이핑 코드를 끼워 봉합한다.

**6** 앞,뒷몸판을 겉과 겉을 맞대어 소매 끝에서 옆선을 'ㄱ'자로 봉합한다.

## 3 소맷부리천과 밑단천을 접어서 꿰맨다.

**1** 소맷부리천과 밑단천을 각각 겹쳐서 봉합한다.

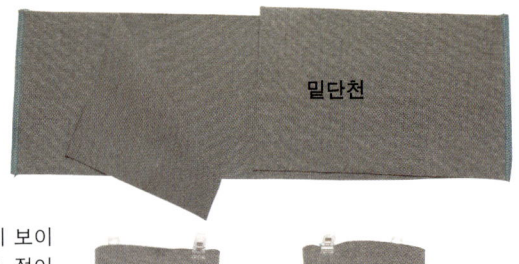

**2** 각각 겉이 보이게 두겹으로 접어 집게로 고정한다.

 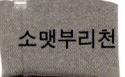

## 4 소맷부리천, 밑단천을 봉합한다.

**1** 소맷부리에 2겹의 소맷부리천을 겉과 겉을 맞대어 집게로 고정한다.

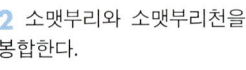

**2** 소맷부리와 소맷부리천을 봉합한다.

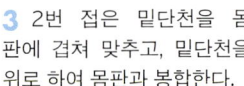

**3** 2번 접은 밑단천을 몸판에 겹쳐 맞추고, 밑단천을 위로 하여 몸판과 봉합한다.

주의 : 소맷부리천과 밑단천을 배색천으로 만들 경우. 실제 치수보다 5~10%(천의 신축성에 따라) 짧게 해서 늘려서 달면 깨끗하게 완성.

## 5 칼라를 단다.

**1** 칼라의 한쪽 단에 바이어스테이프를 펴서 봉합한다.

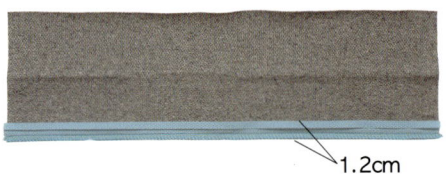

1.2cm

**2** 코드만을 1cm 정도 빼내서 가위로 잘라 시접을 얇게 만들어 준다.

가위로 자른다.

**3** 몸판과 소매에 칼라를 봉합한다. (바이어스테이프를 봉합하지 않은쪽을 단다.)

앞몸판과 소매의 시접은 뒷몸판쪽으로, 뒷몸판의 시접은 소매쪽으로 넘긴다.

**4** 바이어스테이프 시접 겉에 패브릭 워셔블 매직테이프를 붙인다.

**5** 패브릭 워셔블 매직테이프의 종이를 떼고, 바이어스테이프 시접을 몸판에 다리미로 다려 반고정한다.

**6** 겉에서 가정용 미싱으로 스티치를 한다.

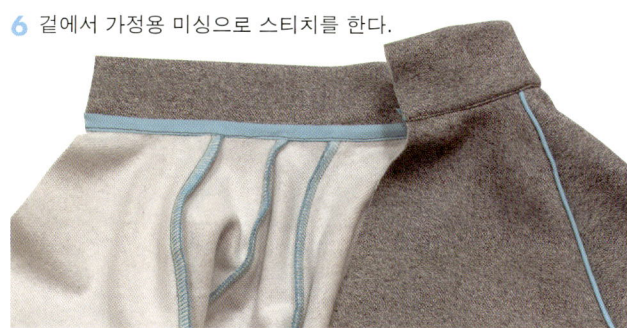

## **6** 지퍼를 단다.

**1** 오픈 지퍼 단에 패브릭 워셔블 매직테이프를 다림질로 붙인다.

**2** 패브릭 워셔블 매직테이프의 종이를 떼고, 몸판의 앞 중심 시접 끝에 다림질로 접착한다.

**3** 가정용 미싱으로 지퍼를 꿰매 단다. 지퍼를 다는 전용 노루발을 사용해서 봉합한다.

지퍼 노루발을 사용

**4** 반대쪽도 같은 모양으로 지퍼를 단다.

**5** 지퍼 윗단을 안쪽으로 접는다.

**6** 접은 지퍼단을 집게로 고정해 겉에서 가정용 미싱으로 8mm 폭의 스티치를 한다.

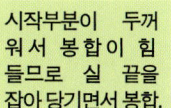

시작부분이 두꺼워서 봉합이 힘들므로 실 끝을 잡아 당기면서 봉합.

## **7** 주머니를 만들고 단다.

주머니 입구를 오버록 미싱으로 오버록하고, 접어 박은 후 남는 시접을 접어 다려 몸판의 주머니 위치에 가정용 미싱으로 봉합한다.

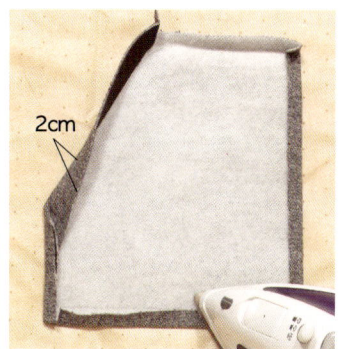

2cm

● 완성!

### P.14… C1 패턴 C의 기본 만드는 방법입니다.
## 스탠드 칼라 셔츠

## 1 재단하고 표시를 한다.

● 재단배치도

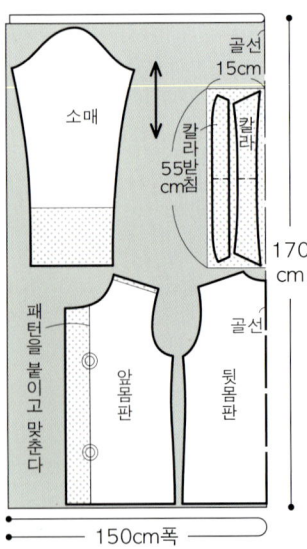

●재료
150cm폭 싱글저지 × 170cm
15cm폭 소잉심지
소잉테이프
패브릭 워셔블 매직테이프
11mm 단추 7개
ATHENA 코아사 4개
■ 요척량은 S~XL까지 공통입니다.

## 2 앞몸판의 앞단과 소매의 커프스에 소잉심지를 붙이고 앞몸판의 어깨에 소잉테이프를 붙인다.

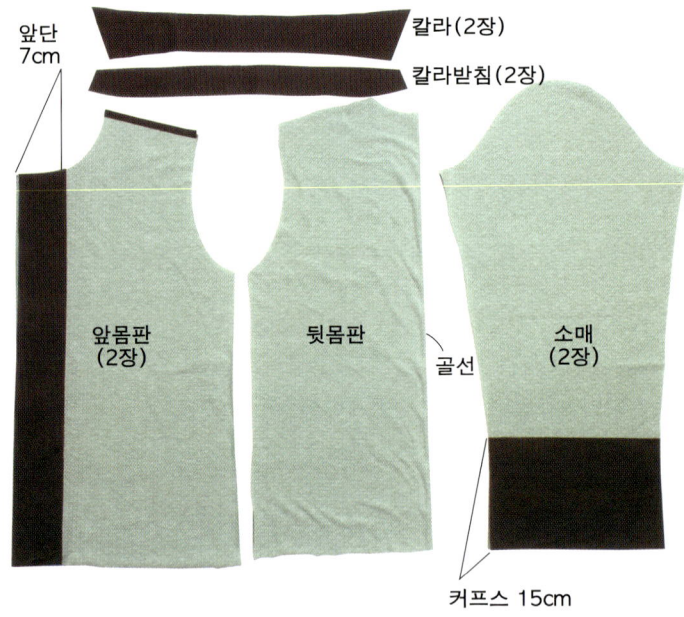

앞단 7cm
칼라(2장)
칼라받침(2장)
앞몸판(2장)
뒷몸판
골선
소매(2장)
커프스 15cm

## 2 접착심을 붙인다. (안칼라와 겉칼라의 안쪽면)

1 커브가 있는 조각(칼라, 앞단)은 접착심을 붙일 때에 원단결이 변형되기 쉬우므로, 재단전 마킹 후 접착심을 먼저 원단에 붙이고 패턴을 올려놓고 자른다.

## 3 모아서 다림질을 한다.

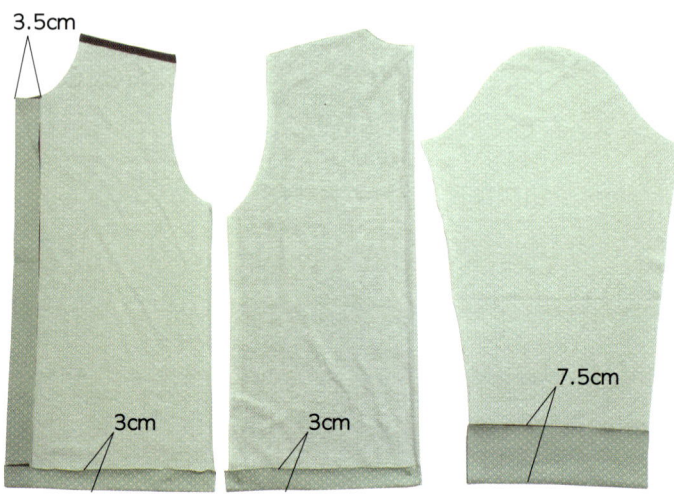

3.5cm
3cm  3cm  7.5cm

앞단, 밑단, 커프스를 미리 다려 접어둔다.

## 4 칼라를 만든다.

1 칼라를 겉끼리 맞대어 봉합한다.

0.7cm

**2** 시접을 다리미로 완성선을 따라 꺾어 다린 후, 모서리의 튀어나온 시접을 자른다.

**3** 겉으로 뒤집고 형태를 정돈한다.

**4** 칼라를 칼라받침 사이에 끼워 7mm폭으로 함께 봉합한다.

**5** 칼라를 겉으로 뒤집고, 다리미로 형태를 정리한다. 칼라받침 아래쪽 끝자락에 패브릭 워셔블 매직테이프를 다리미로 붙인다.

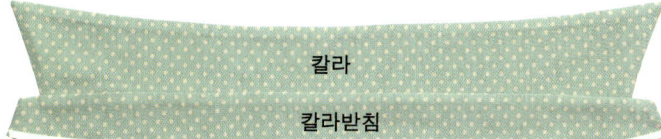

## 5 어깨를 봉합한다.
앞뒷몸판을 겉끼리 마주대고 어깨를 봉합한다.

## 6 앞단을 병풍접어 박기로 봉합한다.

**1** 앞단을 병풍접어 박기 하고, 집게로 고정한다. P.26 참조

**2** 앞단을 봉합한다.

37

## 7 칼라를 몸판에 단다.

**1** 몸판과 칼라를 겉끼리 맞대어 봉합한다. (패브릭 워셔블 매직테이프를 붙이지 않은 쪽을 몸판에 꿰매어 단다.)

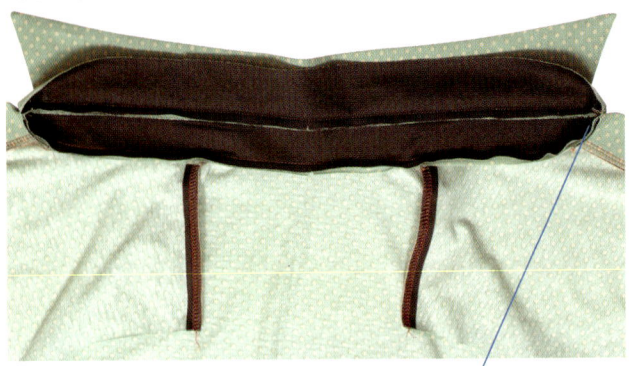

**2** 패브릭 워셔블 매직테이프의 종이를 떼고 옷깃의 시접을 접어 다리면서 봉합선에 접어 다린선을 맞춰 붙여단다.

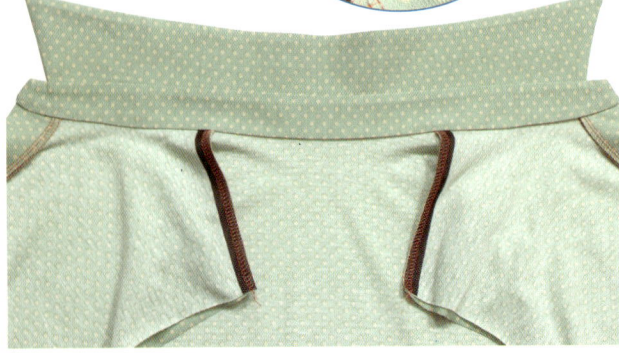

**3** 칼라받침의 둘레에 0.2cm폭으로 상침을 한다.

## 8 소매를 달고, 소매 끝부터 몸판 밑단까지 봉합한다.

앞뒷몸판의 겉끼리 마주대고 소매 끝부터 겨드랑이~몸판 밑단까지 한 번에 봉합한다.

몸판 밑단의 다려둔 시접은 펴서 봉합한다.

## 9 소맷부리(끝단), 몸판 밑단(옷자락)을 처리한다.

소맷부리는 병풍접어 박기로 봉합한다. P.26 참조

몸판밑단(옷자락)을 오버록 처리하고, 겉에서 지그재그 박기로 봉합한다.

## 10 단춧구멍을 만들고 단추를 단다. P.40 참조

● 완성!

**P.15… C2**
## 오픈 칼라 셔츠

  단춧구멍과 주머니 입구에만 접착심을 붙입니다.

### 1 재단하고 표시를 한다.

● 재단배치도

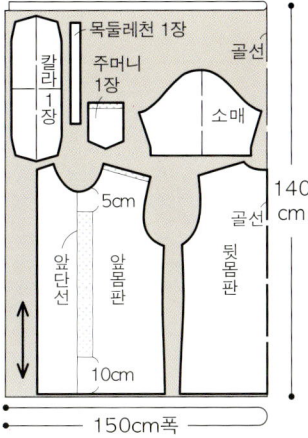

● 재료
150cm폭 싱글저지 × 140cm
150cm폭 소잉심지
소잉테이프
12mm 단추 6개
ATHENA 코아사 4개
■ 요척량은 S~XL까지 공통입니다.

● 만드는 방법
1 재단하고 표시를 한다.
2 소잉테이프와 접착심을 붙이고 시접을 정리하여 다림질을 한다.
3 안단의 가슴쪽 선을 오버록한다.
4 주머니를 만들고 단다.
5 어깨를 봉합한다.
6 칼라를 만들고 단다.
7 소매를 달고, 소매끝, 옆선을 꿰맨다.
8 소맷부리와 밑단을 처리한다.
9 단춧구멍을 만들고 단추를 단다.

### 2 소잉테이프, 소잉심지를 붙이고 끝단과 밑단을 접어서 다림질을 한다.

주머니 입구와 몸판의 앞단 부분에 접착심을 붙이고, 앞몸판의 어깨에 소잉테이프를 붙인다. 앞뒷몸판의 몸판 밑단과 소맷부리, 주머니의 시접을 다리미로 완성선을 접어 다린다.

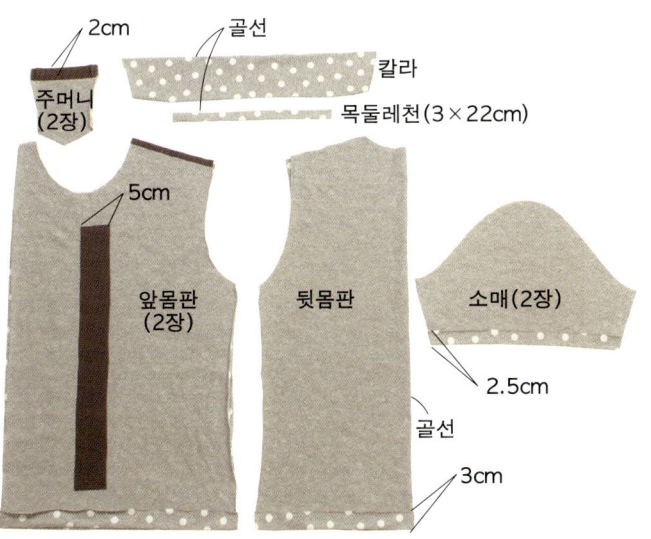

### 4 주머니를 만들고 단다.

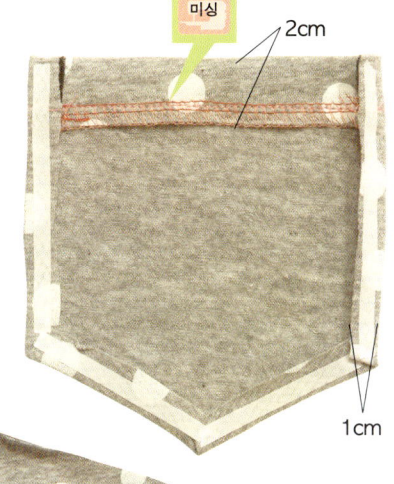

주머니 입구를 오버록 처리하고, 나머지 완성선을 접어서 가정용 미싱으로 시접을 봉합한다. 입구를 제외한 주머니의 시접에 패브릭 워셔블 매직 테이프를 다리미로 붙인다.

주머니를 앞몸판 겉쪽의 주머니 위치에 다림질로 반고정 후 봉합한다.

### 5 어깨를 봉합한다.

앞몸판과 뒷몸판의 겉과 겉을 맞대어 어깨를 봉합한다.

## 6 칼라를 만들고 단다.

1 칼라의 겉과 겉을 맞대어 몸판과 연결될 선을 제외하고 봉합한다. 봉합한 후 겉이 보이게 뒤집는다.

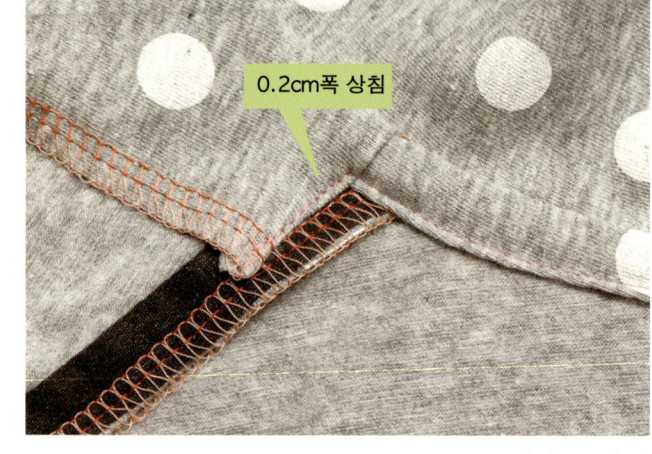

0.2cm폭 상침

2 몸판과 안단 사이에 칼라를 끼워 봉합한다.(칼라 끝점을 잘 맞춘다.)

1cm 겹친다.
1.5cm

5 안단을 몸판 안쪽으로 덮고, 6-3 에서 접은 시접을 상침하여 몸판과 고정한다.

3 2겹의 목둘레천을 옷깃 가운데에 집게로 고정한다. 양끝을 1cm 겹쳐 여분은 자른다.

목둘레천을 고정할 때는 가정용 미싱으로 봉합한다.

4 목둘레천을 가정용 미싱으로 봉합한다.

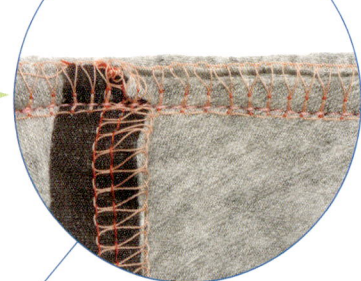

## 7 소매를 달고, 옆선을 'ㄱ'자로 박는다.

앞몸판과 뒷몸판의 겉과 겉을 맞대어 소매 끝에서 옆선을 연속해서 'ㄱ'자로 봉합한다.

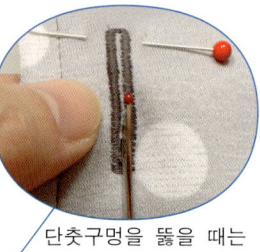

단춧구멍을 뚫을 때는 시침핀을 고정하면 원단을 자를 위험이 적어 안심.

● 완성!

안단을 미싱으로 박아 고정한다.

커버스티치미싱

단추간격
S·M·L···8cm
LL·XL···9cm

소맷부리와 몸판 밑단은 「커버스티치 미싱」의 커버스티치로 처리합니다.

**P.16… C3 폴로 셔츠**

오버록 미싱 / 가정용 미싱

## 1 재단하고 표시를 한다.

●재단배치도

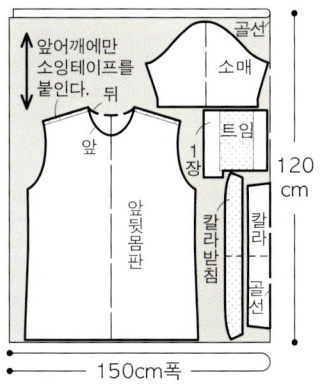

●재료
150cm폭 PK저지(그레이) × 120cm
PK저지(흰색) × 60cm(배색용)
15cm폭 소잉심지
소잉테이프
11mm 단추 2개
ATHENA 코아사 4개
■요척량은 S~XL까지 공통입니다.

●만드는 방법
1 재단하고 표시를 한다.
2 접착심과 소잉테이프를 붙이고, 모아서 다림질을 한다.
3 트임을 봉합한다.
4 어깨를 봉합한다.
5 칼라를 만들고 단다.
6 소매를 달고, 소매끝, 옆선을 봉합한다.
7 소맷부리와 밑단을 처리한다.
8 단춧구멍을 만들고 단추를 단다.

## 2 접착심과 소잉테이프를 붙이고, 모아서 다림질을 한다.

칼라받침과 트임에 접착심을, 앞몸판의 어깨에 소잉테이프를 붙인다. 몸판 밑단과 소매끝단을 다리미로 접어 다려둔다.

## 3 트임을 만든다.

1 앞몸판과 트임에 앞중심라인을 그려, 앞몸판 안에 트임의 겉중심선을 맞추고 시침핀으로 고정한다.

2 트임의 완성선을 가정용 미싱으로 봉합한다.

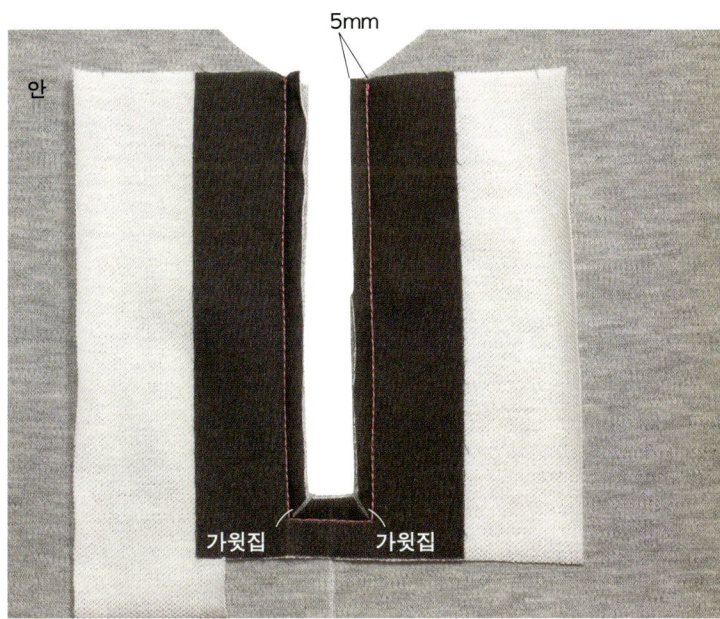

3 봉합선에서 5mm 시접을 주고 나머지는 잘라낸다. 모서리엔 가윗집을 준다.

**4** 트임감을 앞몸판 겉쪽으로 뒤집고, 양쪽 가장자리에 패브릭 워셔블 매직테이프를 붙인다.

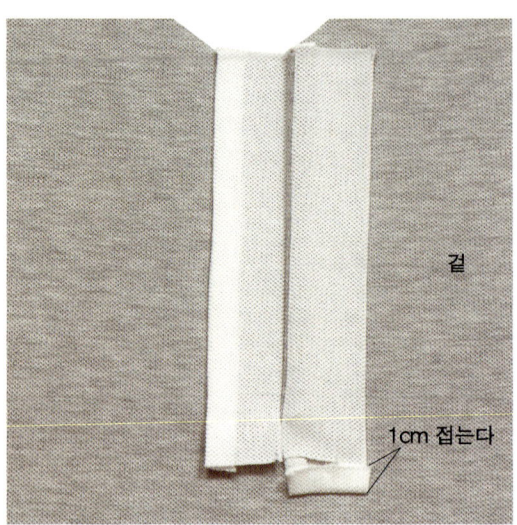

**7** 패브릭 워셔블 매직테이프의 종이를 떼고, 다리미로 붙여 고정한다.

**5** 오른쪽 트임감의 시접을 완성된 모양으로 접는다.

**8** 트임감의 단에 상침을 한다.

**6** 왼쪽 트임감도 시접을 완성된 모양으로 접는다.

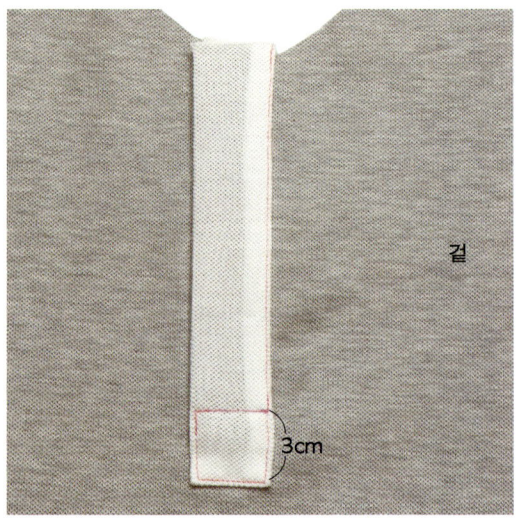

**9** 2장을 겹쳐서 앞단의 아래를 네모모양으로 상침하여 고정한다.

**4** 어깨를 봉합한다.
앞뒷몸판 어깨를 겉과 겉을 맞대고 봉합한다.

**2** 몸판 네크라인의 겉과 칼라받침의 겉을 맞대고 박아준다.

**5** 칼라를 만들고 단다.
칼라 만드는 방법은 *P.37*의 **C1**의 순서**4**를 참조.

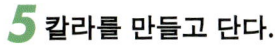

**1** 칼라와 칼라받침을 봉합해서 겉으로 뒤집고, 다리미로 형태를 정돈한다.

**6** 소매를 달고 소매끝, 옆선을 'ㄱ'자로 박는다.  *P.40* 참조

**7** 소맷부리와 몸판 밑단을 처리한다.  *P.38* 참조

**3** 칼라받침 둘레에 스티치를 한다.

●완성!

만든 작품은 칼라와 트임에 다른 천을 사용했지만, 사진의 작품과 같이 같은 천을 사용해도 됩니다.

## C4 카디건
P.17

오버록 미싱 / 가정용 미싱

### 1 재단하고 표시를 한다.

●재단배치도

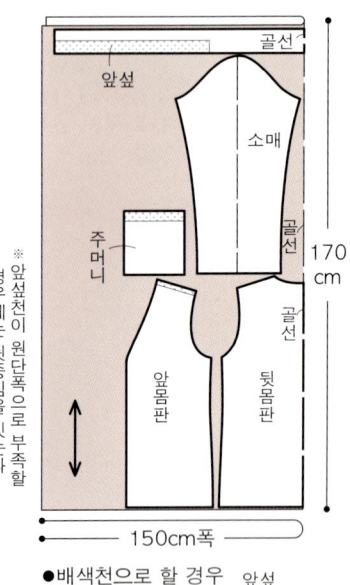

●재료
150cm폭 싱글저지×170cm
15cm폭 소잉심지
소잉테이프
18mm 단추 5개
ATHENA 코아사 4개
■요척량은 S~XL까지 공통입니다.

●만드는 방법
1 재단하고 표시를 한다
2 소잉테이프를 붙이고, 모아서 다림질을 한다.
3 주머니를 단다.
4 어깨를 봉합한다.
5 소매를 단다.
6 소매끝, 옆선을 봉합한다.
7 앞섶을 봉합한다.
8 앞섶을 단다.
9 소맷부리와 밑단을 처리한다.
10 단춧구멍을 만들고 단추를 단다.

### 몸판의 줄무늬 맞추기

앞뒷몸판과 소매는 맞춤점 위치와 동일한 무늬가 되도록 원단을 재단한다.

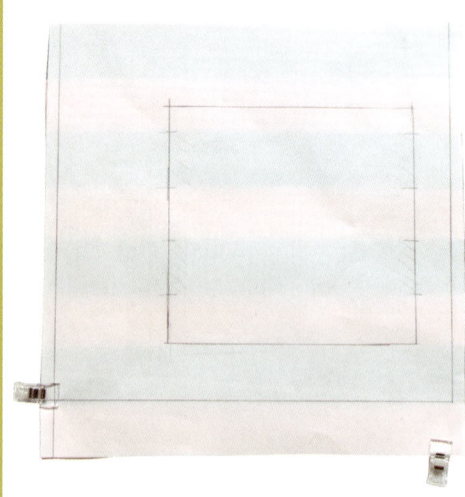

주머니 패턴은 몸판의 주머니 위치의 스트라이프와 동일하게 앞몸판과 같은 위치에 스트라이프가 오도록 무늬를 맞추고 나서 재단한다.

### 2 소잉테이프를 붙이고 모아서 다림질을 한다.
앞섶, 주머니 입구는 소잉심지, 앞몸판의 어깨에 소잉테이프를 붙인다. 몸판 밑단과 소맷부리를 다려서 완성선을 접는다.

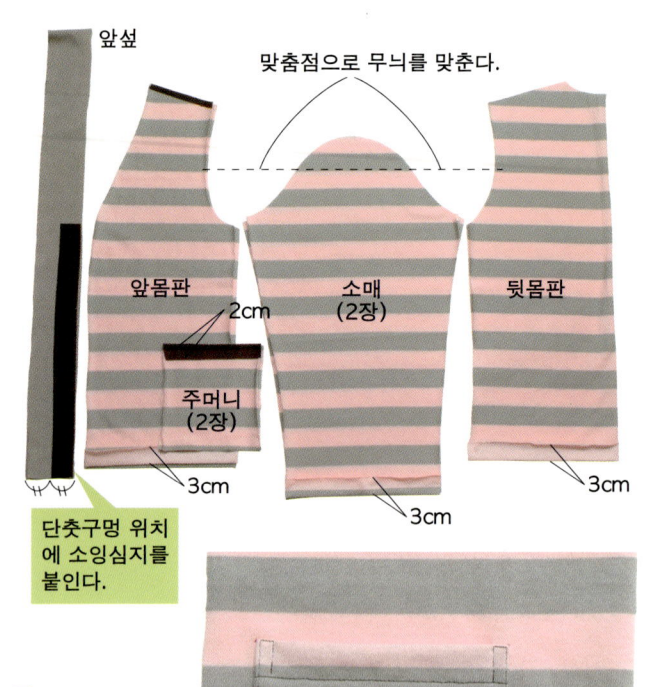

### 3 주머니를 단다.
P.39의 4참조

### 4 소매끝, 옆선을 꿰맨다.
몸판을 겉과 겉을 맞대고 소매 끝부터 옆선을 'ㄱ'자로 봉합한다. 소맷부리와 몸판 밑단은 접은 시접을 펴 오버록 미싱으로 봉합한다.

## 7 앞섶을 꿰맨다.

앞섶을 겉과 겉을 맞대어 접어 양끝을 박고 겉으로 뒤집어 다리미로 형태를 정돈한다.

앞섶을 펴서 오버록 처리한 시접은 몸판쪽으로 꺾어 겉에서 미싱으로 스티치 한다. 밑단과 소맷부리도 접어 겉쪽에서 스티치를 한다.

## 8 앞섶을 단다.

앞단~옷깃의 겉과 앞섶의 겉을 맞대고 집게로 고정 후 박아준다.

몸판 밑단은 앞섶을 끼워서 접는다.

• 완성I

앞섶과 몸판을 오버록 미싱으로 봉합한다.

사진 작품은 앞섶과 같은 천으로 작업한 것입니다.

P.18··· **D1** 패턴D의 기본 만드는 방법입니다.

# 테일러드 칼라 재킷

   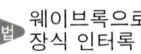  차동 1.3

사용기법: 웨이브록으로 장식 인터록

## 1 재단하고 표시를 한다.

● 재단배치도

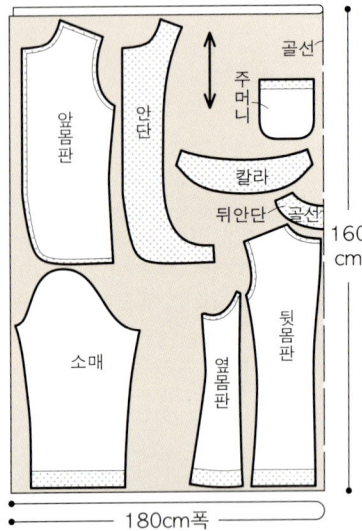

● 재료
180cm폭 기모쮸리 × 160cm
350m폭 소잉심지
소잉테이프
23mm 단추 2개
ATHENA 코아사 4개
미로 우리실 2개
■ 요척량은 S~XL까지 공통입니다.

주머니 위치를 표시하는 것은 P.49 참조

## 2 접착심을 붙인다.

앞안단, 뒤안단, 칼라, 소맷부리, 주머니 입구, 뒷몸판과 옆몸판의 밑단 안쪽에 접착심을 붙인다. 앞뒷몸판, 옆몸판은 사진을 참고해서 소잉테이프를 다리미로 붙인다.

깨끗하게 완성하려면 소잉심지는 필수!

## 3 뒷중심을 봉합한다.

뒷몸판의 뒷중심을 겉과 겉을 맞대고 봉합한다.

## 4 옆몸판을 단다.

뒷몸판과 좌우 옆몸판의 겉과 겉을 맞대고 봉합한다.

## 5 모아서 다림질한다.

몸판 밑단, 소맷부리의 끝 덧단을 다리미로 꺾어 다려둔다.

## 6 어깨를 봉합한다.

앞몸판과 뒷몸판의 겉끼리 맞대고 어깨를 봉합하고, 앞안단과 뒤안단의 겉끼리 맞대고 어깨를 봉합한다.

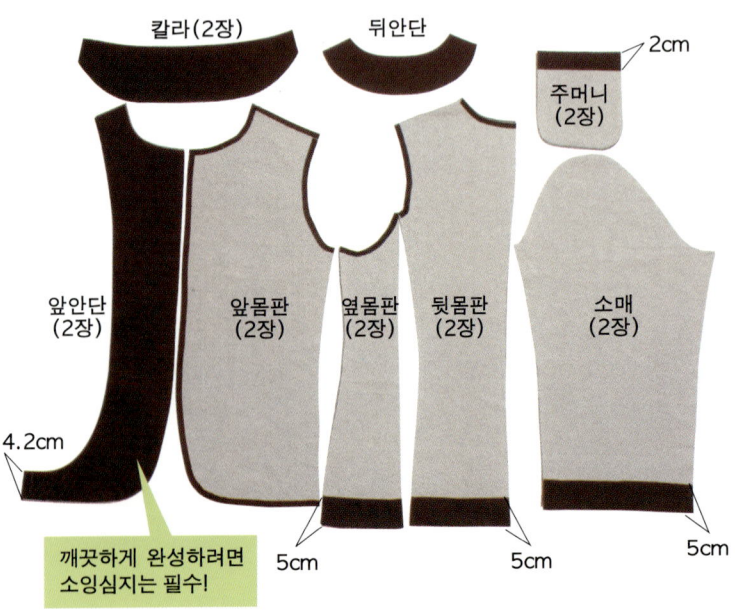

## 10 안단을 단다.

1 앞몸판과 앞안단의 겉끼리 맞대고 봉합한다.

2 겉으로 뒤집고 다림질을 한다.

## 11 옆선을 봉합한다.

뒷몸판의 겉과 앞몸판의 겉을 맞대고 옆선을 봉합한다. 앞몸판의 몸판 밑단 시접은 안단쪽으로 다려 넘긴다.

시접은 안단 쪽으로!

## 12 소매를 만든다.

1 소맷부리의 안단을 오버록으로 처리한다. 웨이브록으로 해도 좋다.

2 소매를 겉과 겉을 맞대어 소매 옆선을 꿰맨다.

## 13 소매를 단다.

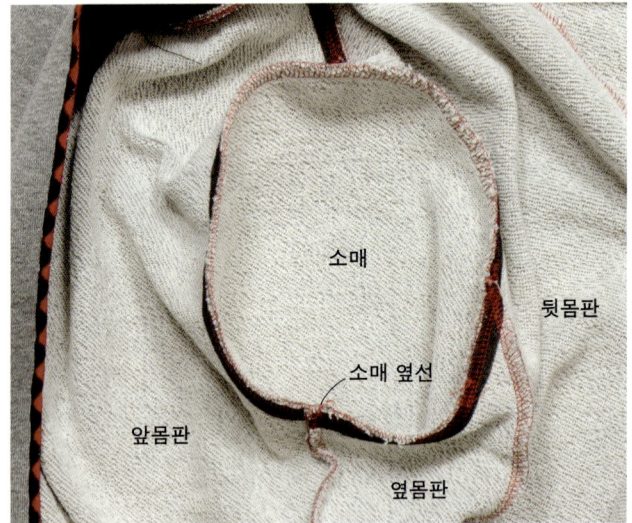

소매, 뒷몸판, 소매 옆선, 앞몸판, 옆몸판

1 소매와 몸판을 겉과 겉을 맞대어, 맞춤점을 맞추고 봉합한다.

땀 폭大·칼날고정

2 땀 폭은 大, 칼날은 고정. 소잉테이프를 붙인 몸판을 위로해서 봉합한다. 어긋나기 쉬우므로 핀셋으로 원단을 잡아주면서 봉합하면 좋다.

## 14 스티치를 한다.

칼라~안단~밑단에 연속해서 스티치를 한다. 뒷몸판 밑난은 3cm, 다른곳은 0.8cm에.

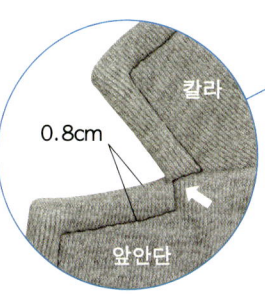

칼라~앞안단에 스티치를 줄 때는 사진과 같이 봉합선 경계에 바늘을 내려서 계속 꿰맨다.

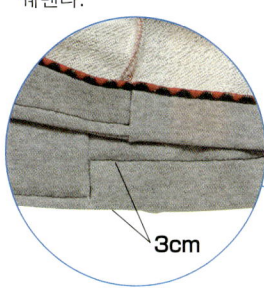

## 15 주머니를 만든다.

**1** 주머니 입구를 오버록한 후 2.5cm 폭으로 접고 U자로 오버록 처리한다.

**2** 커브부분은 침실 2줄을 송곳으로 잡아당겨 주름을 주면서 꺾어 다리면 편리하다.

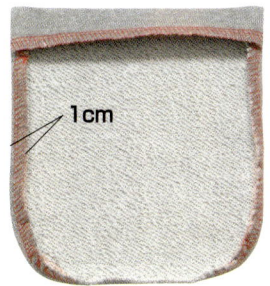 

**3** 겉으로 뒤집고 시접을 접어 다린다.

**4** 주머니 입구의 겉에 가정용 미싱으로 스티치를 한다.

## 16 주머니를 단다.

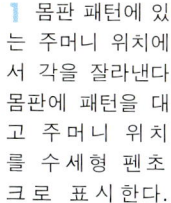

**1** 몸판 패턴에 있는 주머니 위치에서 각을 잘라낸다. 몸판에 패턴을 대고 주머니 위치를 수세형 펜초크로 표시한다.

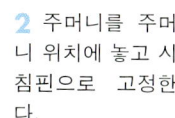

**2** 주머니를 주머니 위치에 놓고 시침핀으로 고정한다.

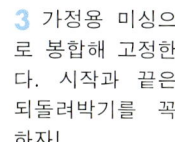

**3** 가정용 미싱으로 봉합해 고정한다. 시작과 끝은 되돌려박기를 꼭 하자!

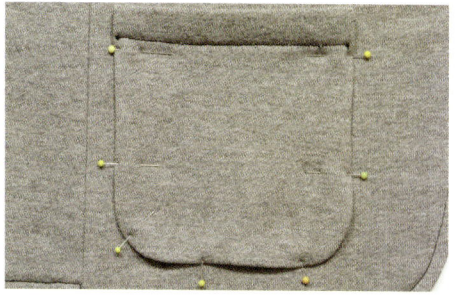
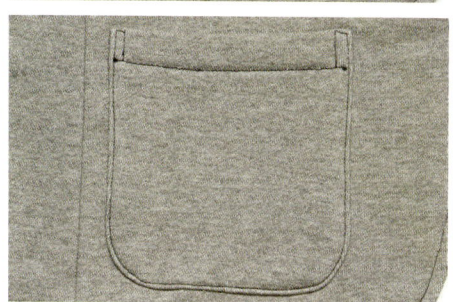

## 17 단춧구멍을 만들고 단추를 단다.

가로 모양의 단춧구멍은 쉽게 늘어나기 때문에, 단춧구멍 위치에 단춧구멍 자수용 부직포 심지를 대고 만든다. 단춧구멍을 뚫은 후, 심을 떼어내고 다리미로 고정하면 튼튼하게 완성된다. 단추를 달면 완성!

● 완성!

칼라 테두리 및 여밈 둘레를 0.7cm로 스티치하여 완성한다.

49

**P.19… D2 숄 칼라 재킷**

   테이핑 노루발로 파이핑 스타일 처리

## 1 재단하고 표시를 한다.

●재단배치도

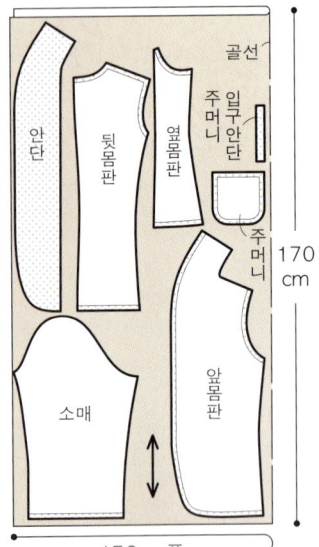

●재료
150cm폭 분또×170cm
35cm 소잉심지
5mm폭 소잉테이프
23mm 단추 3개
ATHENA 코아사 2개
미로 우리실 2개

■요척량은 S~XL까지 공통입니다.

※칼라는 안단과 연결되어 있습니다.

## 2 소잉심지를 붙인다.

안단과 주머니 입구 안단에는 소잉심지를 붙인다. 주머니 둘레와 소맷부리, 앞뒷몸판, 옆몸판, 소매는 사진을 참조해서 소잉테이프를 다리미로 붙인다. 봉합 시 보이지 않도록 5mm폭의 소잉테이프를 사용하면 좋다.

소잉테이프

※모두 2장씩 재단

## 3 뒷중심을 봉합한다.

앞안단과 앞몸판 칼라의 뒷중심을 겉과 겉을 맞대고 각각 봉합한다.

각은 잘라낸다.

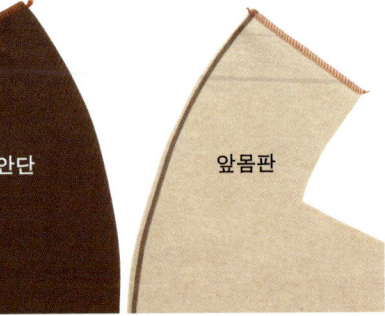

## 4 어깨와 칼라둘레를 맞춤점을 맞춰 겉끼리 맞대고 봉합한다.

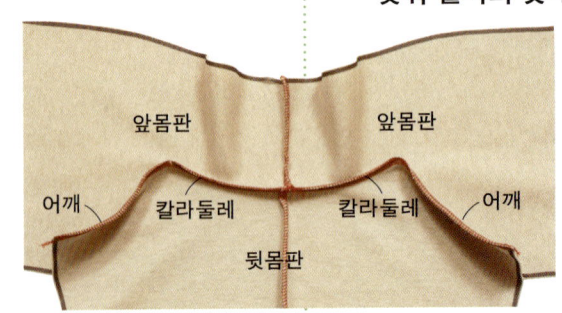

몸판의 뒷중심을 겉끼리 맞대고 봉합한다.

## 5 옆몸판을 달고 소매를 단다.

뒷몸판과 옆몸판을 겉끼리 맞대어 봉합하고, 몸판과 소매 또한 겉끼리 맞대어 봉합한다.

## 6 옆선과 소매 옆선을 봉합한다.

몸판, 소매를 겉끼리 맞대고 소매 끝단~ 옆선을 'ㄱ'자로 연속해서 봉합한다.

## 7 안단과 주머니 입구 안단을 만든다.

안단의 가슴쪽 선과 주머니 입구 안단을 오버록 미싱으로 처리한다.

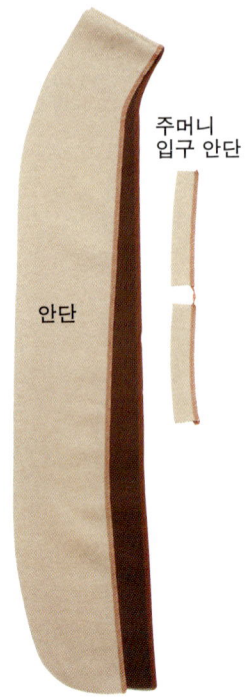

안끼리 마주댄다.

### 8 파이핑 스타일 처리를 한다.
테이핑 노루발로 스핀 테이프를 넣으면서 파이핑 느낌의 오버록을 한다. 스핀 테이프를 꿰매 넣으면, 두께감이 더해져 틈새없이 깨끗이 완성된다.

**1** 안단과 몸판을 안끼리 맞대고 고정한다.

**2** 몸판 밑단~안단까지 통으로 오버록 처리한다.

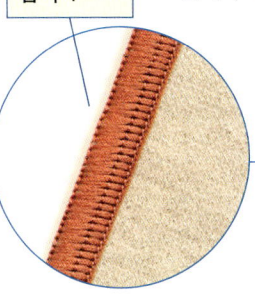
봉합선 폭大 땀 수1

### Point 스핀 테이프 사용방법
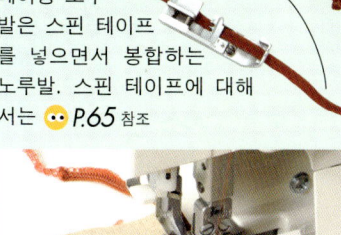
**테이핑 노루발** 미로 우리 스핀 테이프

테이핑 노루발은 스핀 테이프를 넣으면서 봉합하는 노루발. 스핀 테이프에 대해서는 😊 P.65 참조

### 9 소맷부리를 처리한다.
소맷부리를 파이핑 느낌 처리한다. 소맷부리는 2~3cm 겹쳐서 봉합한다.

「골선」이 된 곳의 봉합 방법은 😊 P.26 참조

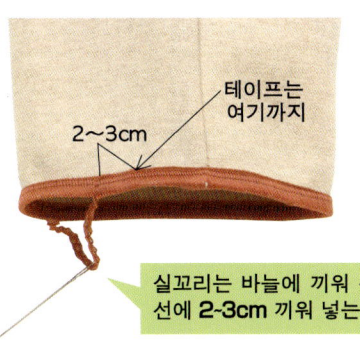
테이프는 여기까지
2~3cm
실꼬리는 바늘에 끼워 봉합선에 **2-3cm** 끼워 넣는다.

### 10 주머니를 만든다.

**1** 주머니 입구 안단과 주머니를 안끼리 맞대고 집게로 고정한다.

**2** 윗단에 스핀 테이프를 사용하여 오버록으로 처리하고, 양끝의 여분을 자른다.

**3** 둘레도 오버록으로 처리하고, 실꼬리는 잘라준다.

### 11 뒤 칼라둘레를 스티치해 고정하고 주머니를 단다.

가정용 미싱

가정용 미싱

**1** 몸판쪽에서 봉합하고, 안단과 함께 꿰매 고정한다.

**2** 주머니를 겉에서 봉합.

### 12 단춧구멍을 만들고 단추를 달면 완성!

●완성!

P.20,21 ··· **E1, 2** 순서는 긴 바지도 동일합니다.
**반바지, 긴 바지**

   소잉테이프 접착(테이핑 노루발) 「커버스티치 미싱」의 커버스티치

## 1 재단하고 표시를 합니다.

●재단배치도

●재료
150cm폭 쮸리(갈색)×70cm
150cm폭 쮸리(황토색)×15cm
15cm폭 소잉심지
스트링 끈 160cm
3cm폭 고무줄 80cm
ATHENA 코아사 4개
■요척량은 S~XL까지 공통입니다.

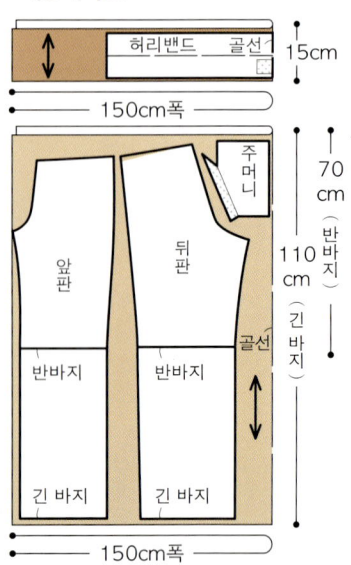

## 3 주머니를 만들고 단다.

**1** 주머니 입구는 오버록 처리하고, 주머니 입구를 겉에서 1.5cm폭으로 스티치를 한다. 나머지 시접은 다려 접어둔다.

**2** 주머니를 겉의 앞몸판 주머니 위치에 패브릭 워셔블 매직테이프로 반 고정하고 상침하여 고정.

## 2 소잉심지를 붙인다.
주머니 입구와 허리밴드의 단춧구멍 위치에 접착심을 붙인다.

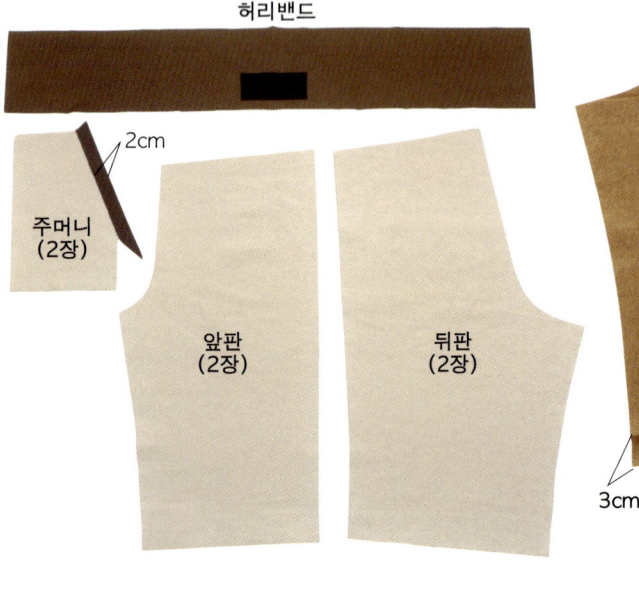

## 4 바깥쪽 옆선을 봉합한다.
바깥쪽 옆선을 봉합하기 전에 몸판 밑단의 시접을 다려서 접는다. 앞·뒤바지를 겉끼리 맞대고 각각 봉합한다.

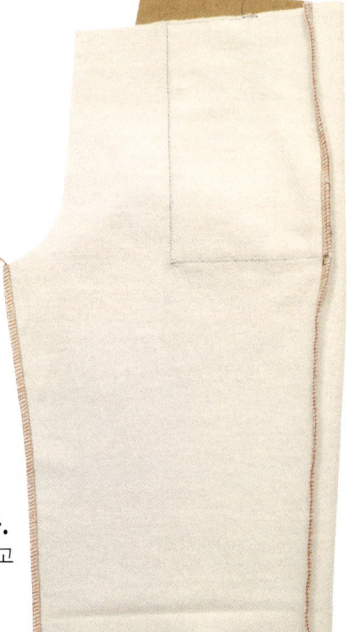

## 5 밑아래선을 봉합한다.
밑아래선을 겉끼리 맞대고 봉합한다.

## 6 밑위선을 봉합한다.

**1** 통이 된 좌, 우 바지를 겉끼리 맞대어 겹친다. 사진과 같이 한쪽 바지통 안에 다른 한쪽을 넣는다.

**2** 밑위선은 늘어나기 쉽고 봉합선이 늘어나므로 튼튼히 하기 위해, 소잉 테이프(스핀테이프)를 넣으면서 봉합한다. 사진과 같이 테이핑 노루발로 테이프를 통과하면서 봉합하면 OK. P.51 참조

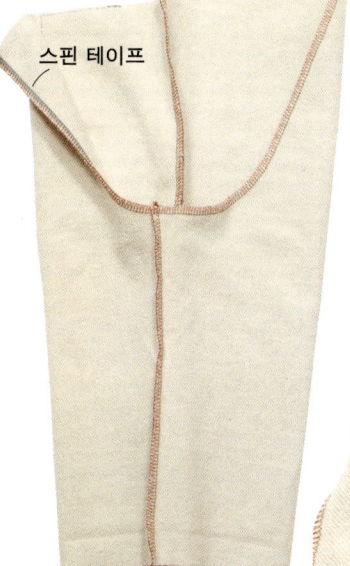

스핀 테이프

## 7 허리를 처리한다.

**1** 허리밴드의 단춧구멍 위치에 단춧구멍을 만들고 뚫는다.

**2** 겉끼리 맞대고 접어 끝단을 봉합해 고리모양으로 만들고 겉이 보이게 반으로 접는다. 허리 고무줄도 동일하게 끝을 미싱으로 봉합해 고리모양을 만든다.

안 / 겉

**3** 2겹의 허리밴드 속에 고리모양으로 만든 허리 고무줄을 넣고, 맞춤점을 맞춰서 집게로 바지와 허리밴드의 겉과 겉을 맞대어 고정한다.

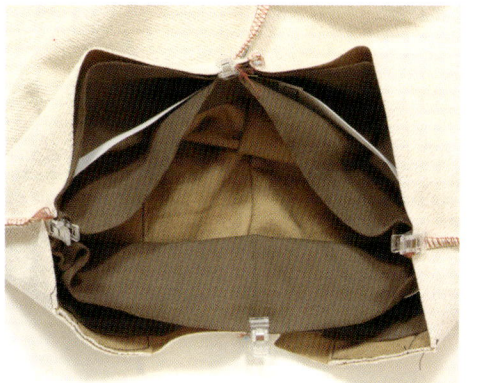

**4** 허리밴드와 바지를 봉합한다. 스트링 끈을 통과시킨다.

## 커버스티치

「커버스티치 미싱」으로 커버스티치를 한다. 「커버스티치 미싱」의 자세한 사용방법은 P.61 참조

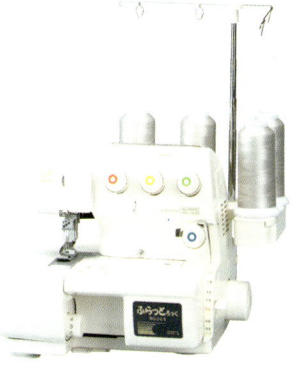

## 8 몸판 밑단을 처리한다.

커버스티치 미싱으로 3본침의 커버스티치를 한다.

3cm

● 완성!

## P.22… F1
### 캐주얼 양면 조끼

오버록 미싱

### 1 재단하고 표시를 한다.

●재단배치도

●재료
150cm폭 싱글저지(스트라이프) ×75cm
150cm폭 싱글저지(회색)×75cm
ATHENA 코아사 4개
■요척량은 S~XL까지 공통입니다.

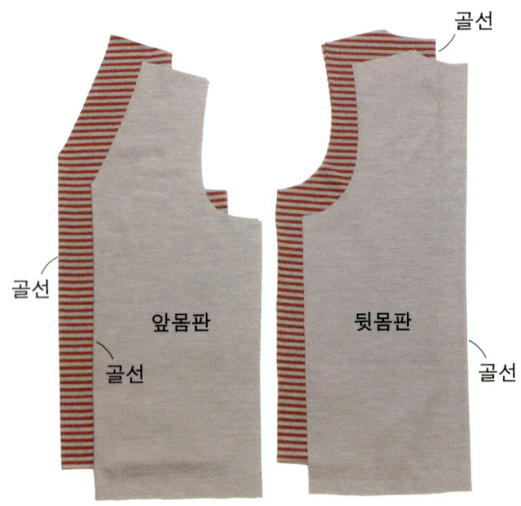

### 2 어깨를 봉합한다.
회색과 스트라이프의 앞뒷몸판의 어깨를 각각 겉끼리 맞대고 봉합한다.

### 3 옷깃둘레를 봉합한다.

1 회색과 스트라이프의 앞뒷몸판을 겉끼리 맞대고 옷깃둘레를 봉합한다.

**Point** 옷깃 끝 봉합방법의 포인트

회색과 스트라이프의 옷깃둘레를 겉과 겉을 맞대어 봉합한다.

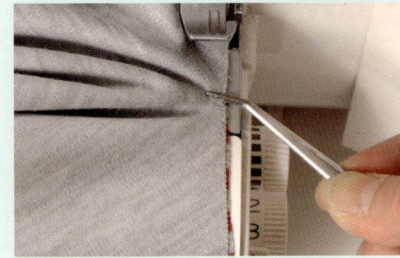

옷깃둘레의 V부분은 천 끝을 핀셋으로 잡아당겨 직선으로 만들어 봉합하면 간단하다.

2 겉으로 뒤집고 형태를 정돈한다.

## 4 소매둘레를 한쪽씩 봉합한다.

**1** 회색과 스트라이프의 앞뒷몸판에 우측 소매둘레까지를 겉끼리 맞대고 맞춘다. 반대쪽의 소매를 감싸듯이 안으로 넣는다.

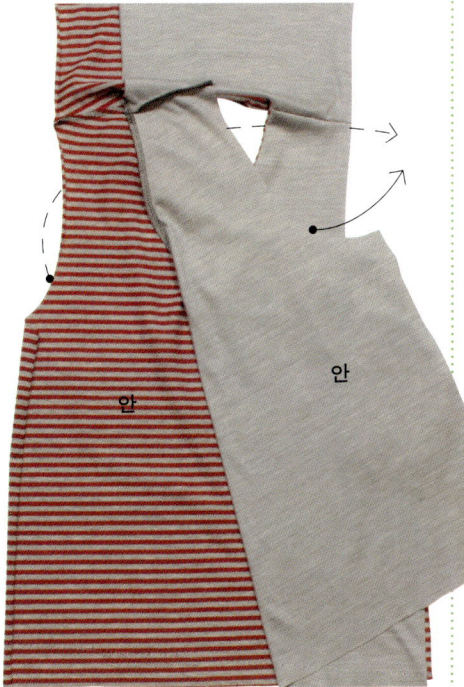

**4** 원단을 어깨에서 빼내어 겉으로 뒤집는다.

**6** 집게로 고정하고, 봉합한다.

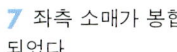

**2** 집게로 고정하고 봉합한다.

**3** 우측 소매둘레가 봉합되었다.

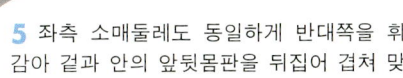

**5** 좌측 소매둘레도 동일하게 반대쪽을 휘감아 겉과 안의 앞뒷몸판을 뒤집어 겹쳐 맞춘다.

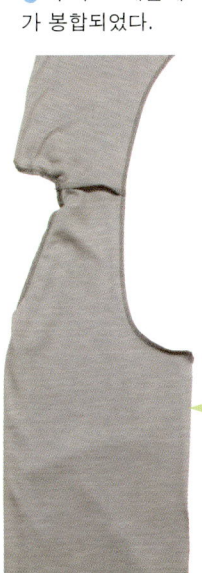

이쪽으로 원단을 빼낸다.

**7** 좌측 소매가 봉합되었다.

**8** 겉으로 뒤집어서 형태를 정돈한다.

## 5 옆선을 봉합한다.
회색과 스트라이프의 앞, 뒷몸판의 옆선을 각각 겉끼리 맞대고 연속해서 봉합한다. 회색에 창구멍을 남기고 양옆을 봉합한다.

창구멍8cm

## 6 몸판 밑단을 봉합한다.
**1** 회색과 스트라이프 밑단을 집게로 고정하여 둘레를 한바퀴 봉합한다.

서로 반대로

**2** 창구멍에 손을 넣어 겉으로 뒤집는다.

**3** 창구멍을 공그르기로 처리하고 마무리!

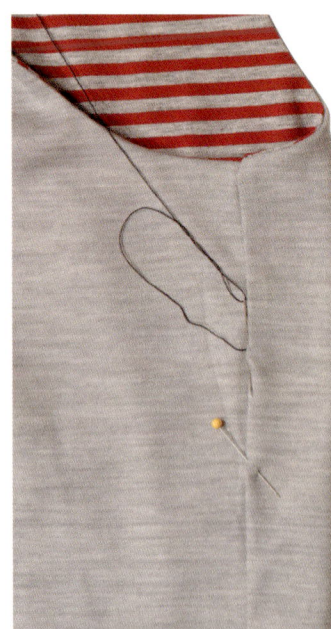

● 완성!

P.23 ··· **F2** 54쪽의 조끼와 같은 「양면 조끼」를 만든다.

## 포멀 양면 조끼

### 1 재단하고 표시를 한다.

● 재단배치도

● 재료
150cm폭 양면저지(남색) × 80cm
150cm폭 양면저지(스트라이프) × 80cm
15cm폭 소잉심지
소잉테이프
15mm 단추 12개
ATHENA 코아사 4개
Peacock 레인보우실 1개
■ 요척량은 S~XL까지 공통입니다.

● 만드는 방법
1 재단하고 표시를 한다.
2 접착심을 붙인다.
3 어깨를 봉합한다.
4 소매둘레와 옷깃을 봉합한다.
5 옆선을 봉합한다.
6 몸판 밑단을 재봉한다.
7 단춧구멍을 만들고 단추를 단다.

### 2 접착심을 붙인다.
앞단에 접착심을 붙인다.

### 3 어깨를 봉합한다.
회색과 스트라이프의 앞, 뒷몸판의 어깨를 겉끼리 맞대어 봉합한다.

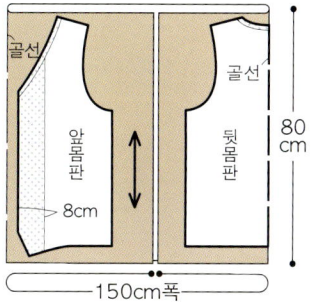

### 4 소매둘레와 옷깃둘레를 봉합한다.
1 회색과 스트라이프를 겉과 겉을 맞대어 소매둘레를 봉합하고, 앞단과 옷깃둘레를 연속해 봉합한다.

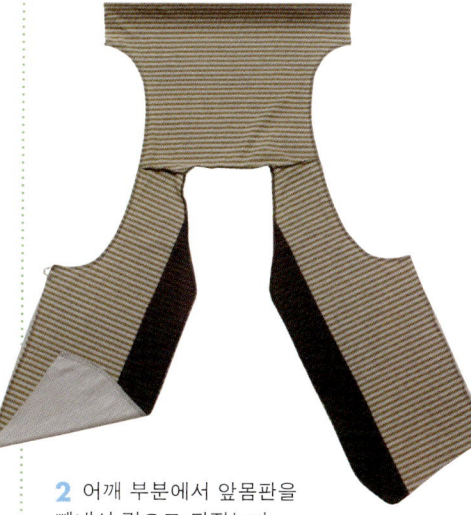

2 어깨 부분에서 앞몸판을 빼내서 겉으로 뒤집는다.

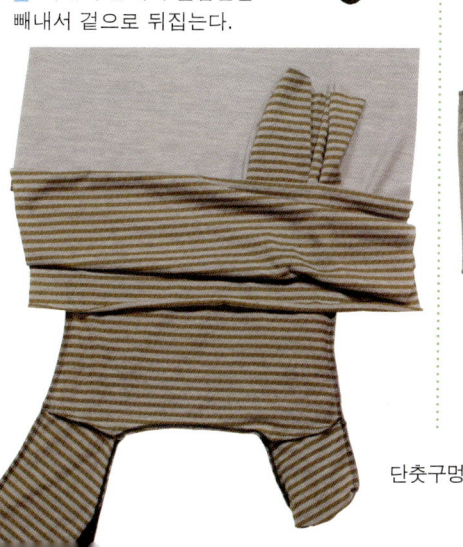

3 형태를 정돈한다.

### 5 옆선을 봉합한다.
앞뒷몸판을 각각 겉과 겉을 맞대어 양옆을 봉합한다. 회색 옆선 봉합 시 창구멍을 남긴다.

창구멍 8cm

### 6 몸판 밑단을 봉합한다.
회색과 스트라이프의 몸판 밑단을 겉과 겉을 맞대고 봉합한다.

● 완성!

겉으로 뒤집고, 창구멍을 감침질한다. 주위는 「커버스티치 미싱」으로 3본침의 커버스티치를 한다. ···P.61 참조
단춧구멍의 만드는 방법은 ···P.40 참조

## 기성품과 같은 완성의 비밀은?
# 알아두고 싶은 오버록 미싱의 기초

오버록 미싱은, 오버록과 봉합이 동시에 가능해서 더욱 빨라요!
게다가 기성품과 같이 깨끗하게 완성되므로 한 번 사용하면 멈출 수 없습니다.
여기에서는 크라이 무끼 추천기종「무끼록」을 소개하면서,
오버록 미싱의 기능을 알기 쉽게 설명합니다.

### Q 각각의 실의 역할이란?

**침사(좌)**
2본침의 경우 사용. 보다 견고한 봉합 시 사용.

**침사(우)**
본 바느질의 실. 1본 침에 사용하는 경우는 우침을 사용.

2본침의 경우는 그림처럼 됩니다.

## 1대로 이렇게 봉합 할 수 있다! 오버록 미싱은 이런 미싱

가정용 미싱은 윗실과 아랫실로 봉합하지만, 오버록 미싱은 윗실과 아랫실이 없습니다. 바늘의 실과 루퍼의 실로 균형있게 매듭을 만들면, 이것이 봉합선이 됩니다. 가정용 미싱과 같이 실의 심퍼커링이 없으므로 니트 등의 신축성 소재에 적당합니다.

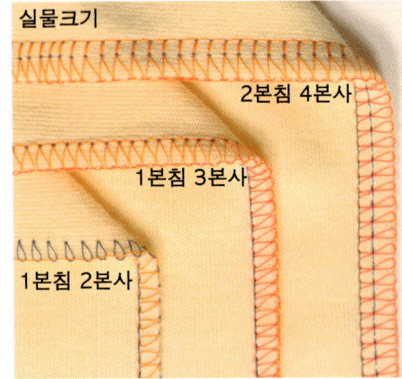

실물크기
2본침 4본사
1본침 3본사
1본침 2본사

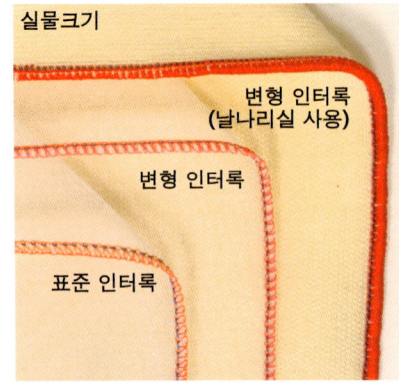

실물크기
변형 인터록 (날나리실 사용)
변형 인터록
표준 인터록

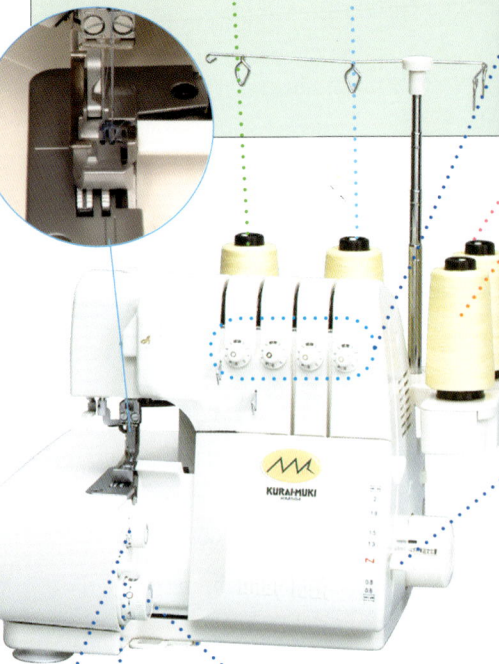

* 본 기종은 NCC코리아의 'Sew cookey'와 기능이 유사한 미싱입니다.

**오버록** (일반 오버록)
2본침 4본사의 오버록 미싱이라면, 목적에 맞게 1본침 2본사, 1본침 3본사 등도 나누는 것이 가능합니다. 바늘과 실의 수가 늘어날 수록 안정되고 깨끗한 봉합선이 완성! 4본사는 땀 폭이 넓기 때문에 두꺼운 원단이나 올이 잘 풀리는 원단에 적합합니다.

**인터록** (1본침 3본사)
원단 끝을 안쪽으로 말아서 감듯이 오버록하기 때문에 올이 풀리기 쉬운 오간자 등 얇은 원단 처리에 적합합니다. 봉합 방법에는「표준감침」,「변형감침」의 2종류가 있습니다. 우리실을 사용하면 손수건의 가장자리와 같은 인터록 처리가 됩니다.

### Q 땀 폭이란?

땀 폭이란, 봉합선의 좌우 폭을 말함. 덧붙여서 말하면「M」이란 인터록을 뜻하는 것으로, 인터록(1본침 3본사)으로 봉합할 경우 표준적인 땀 폭을 나타냅니다.

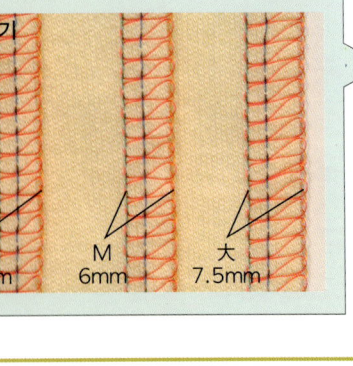

실물크기
小 5.5mm
M 6mm
大 7.5mm

## 봉합선 폭을 간단히 조절!

**땀 폭 조절 다이얼**
다이얼을 돌리는 것으로, 땀 폭을 간단하게 변경하는 것이 가능합니다. 인터록의 경우는「M」에 맞추고, 통상 오버록도「M」으로 봉합합니다. 얇은 천은 小, 두꺼운 천은 봉합이 잘 되도록 大로 하는 등 상황에 맞춰 사용합니다.

## 칼날의 작동 및 고정

**칼날**
일반적으론 칼날이 원단 끝을 자르면서 봉합하지만 장식봉합 등 칼날을 사용하지 않는 경우에는 조절다이얼을 돌려 칼날을 간단히 고정합니다. 원단을 자르면서 봉합하고 싶지 않은 경우 등에도 사용하면 편리합니다.

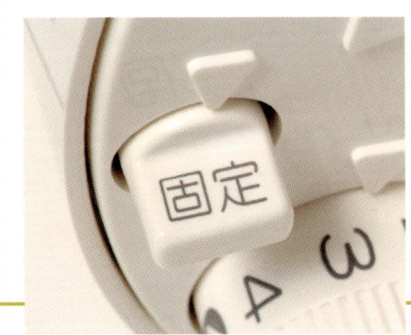

### 실 장력 조절 다이얼

오버록 미싱은 실 조절 다이얼로 실의 장력을 맞춥니다. 원단의 두께나 실의 종류에 따라 장력이 변하므로, 시험봉합를 하면서 예쁜 봉합선으로 조절하세요.

- **윗루퍼실**
  겉에서 보이는 실.
- **아랫루퍼실**
  뒷면에서 보이는 실.

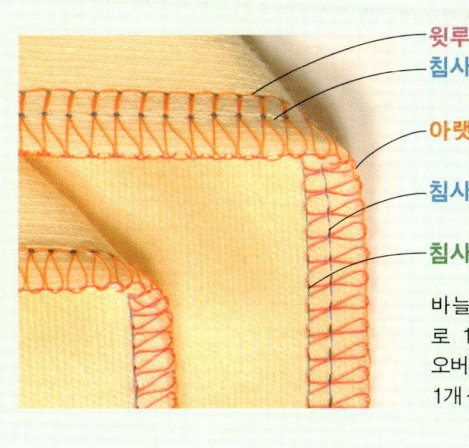

윗루퍼실
침사(우)
아랫루퍼실
침사(우)
침사(좌)

바늘실과 루퍼실로 1개씩 봉합한 오버록 봉합. 우침 1개 상,하봉합.

레버를 누르는 것만으로 순식간에 실이 통과
### 에어 쓰루 시스템
(원터치 자동 공기 실 끼우기)

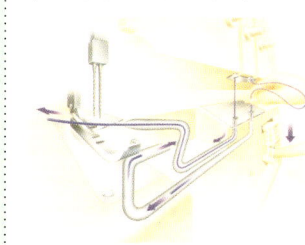

공기압으로 순식간에 실을 장치 시켜주는 에어 쓰루 시스템. 오버록 미싱 특유의 실 끼우기의 번거로움이 해소되므로, 오버록 미싱 사용자에게는 인기 시스템.

---

## 늘림봉합도 수축봉합도 자유자재!

- **차동 레버**

**Q 차동이란?**
신축성있는 원단이나, 안감 등의 줄어들기 쉬운 원단을 봉합할 경우에 원단을 봉합해도 늘어나거나 줄어들지 않게 안정된 봉합선이 되도록 조절하는 레버. 이 차동을 이용해서 소매산의 이지 분량잡기나 주름잡기 등에 활용하세요.

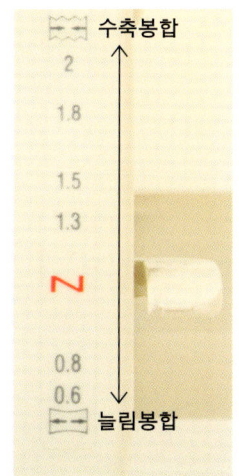

수축봉합
늘림봉합

| | | | |
|---|---|---|---|
| 수축봉합 | 2<br>1.8<br>1.5<br>1.3 | 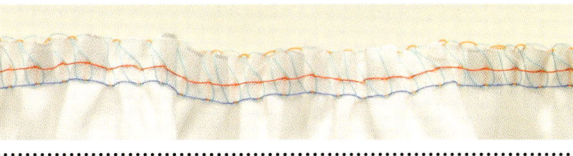 | 신축성이 있는 소재를 늘어나거나 주름이 지지않도록 봉합. 소매산의 이지 분량이나 리브를 달 때 등. |
| 보통봉합 | N | | 보통 원단을 봉합할 때. |
| 늘림봉합 | 0.8<br>0.6 | | 줄어들기 쉬운 소재를 심 퍼커링없이 깨끗하게 봉합. 단이나 옷자락 등을 봉합할 때. |

---

## 봉합선의 밀도가 바로 조절!

- **땀 수 다이얼(땀 길이)**

오버록, 인터록 모두 1mm~4mm의 길이로 땀 수 조절이 가능합니다. 땀 길이조절뿐만 아니라 인터록의 전환도 이 다이얼로 가능합니다. 원단의 두께에 의해 작업 시 보기좋은 땀 길이가 다르므로 반드시 시험봉합을 해보세요.

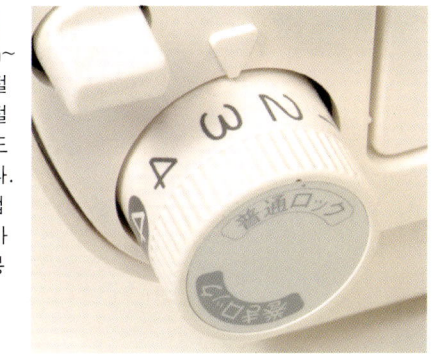

**Q 땀 수란?**
땀 수란, 봉합선과 봉합선 사이의 길이(봉합선의 밀도)를 말함. 이 책에서는 통상 「2.5mm」를 권장하고 있습니다.

**실물크기**

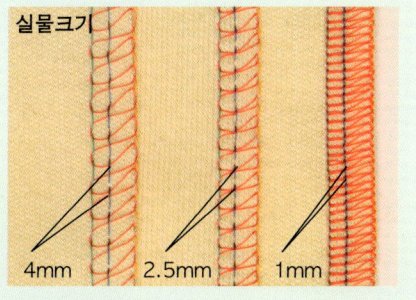

4mm   2.5mm   1mm

## 오버록 미싱의 사용방법을 알자.
# 기본 부분 봉합

오버록 미싱의 봉합 방법을 소개합니다. 모르는 것이 있으면 이 페이지를 참조해 주세요.

### 「칼날고정」으로 만든다.

본 책의 작품은 지정한 것 외에는 「칼날고정」으로 봉합합니다. 칼날로 자르면서 봉합하면, 틀렸을 경우에 뜯고 다시 봉합하는 것이 어렵습니다. 원단이 줄어들며 마무리도 깔끔하지 않기 때문입니다. 칼날이 고정되지 않는 미싱의 경우는 원단 끝을 자를지의 여부, 원단 끝을 항상 칼날 안쪽에 맞추는 것을 의식해서 봉합하세요.

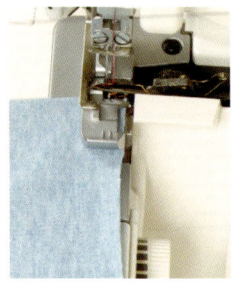

### 「칼날사용」의 경우

원단을 자르면서 봉합 「칼날사용」의 경우는 원단을 침판의 우측단에 맞추고 봉합합니다. 잘라내는 폭은 땀 폭에 따라 달라집니다.

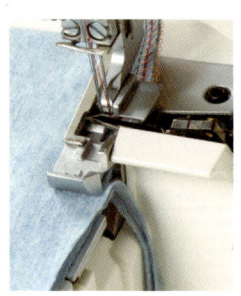

### 외각의 봉합(칼날은 고정)

실물크기

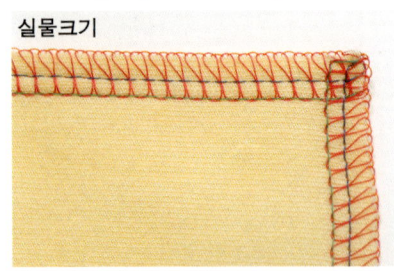

**1** 한 변을 끝까지 꿰매고 바늘을 올려 원단을 톱니로부터 빼낸 후 돌려서 90도로 회전시킨다.

**2** 4본실이 뭉치지 않도록 가볍게 돌려 놓고, 노루발을 내려 봉합한다. 이 때 실이 느슨해져 있으면, 각을 처리한 실도 느슨해지기 때문에 주의.

※이해하기 쉽게 일부러 노루발을 뺐습니다.

### 외각 커브의 봉합(칼날은 고정)

실물크기

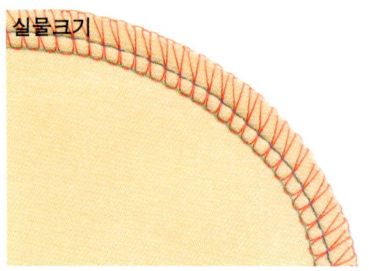

**1** 차동 다이얼을 1.3(수축봉합)에 맞추고. 원단에 따라 다르지만 얇은 원단은 원단 끝이 늘어나 웨이브가 생기므로 차동을 조절하면 평평해진다.

**2** 안단의 끝이나 주머니의 모서리 등의 커브를 봉합할 경우, 바늘이 꽂히는 위치에서 바로 앞 3cm 위치까지 원단이 직선이 되도록 왼손을 사용하여 바늘의 방향으로 가볍게 원단을 밀면서 봉합해준다.

### 내각 커브의 봉합(칼날은 고정)

실물크기

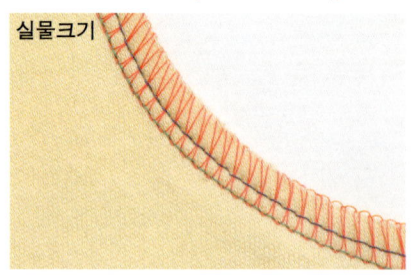

**1** 차동 다이얼은 N에 맞춤. 직조물 등의 늘어나지 않는 원단의 경우는 0.8(늘림봉합)로.

**2** 바늘 우측으로 원단이 말려 들어가지 않게 원단을 왼손으로 가볍게 직선이 되게 펴주면서, 바늘이 꽂히는 위치를 주의해서 봉합한다.

### 실 간단히 뜯는 방법

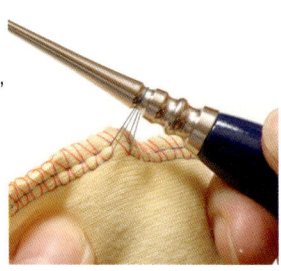

**1** 봉합 시작 실(단실)을 자르고 나서, 침실 2본을 뽑아낸다. 홈이 있는 송곳은 실이 미끄러지지 않아 쉽고 빨리 뽑을 수 있다.

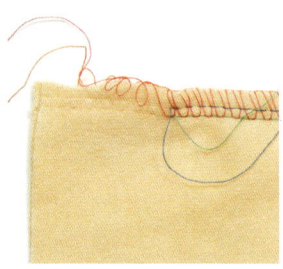

**2** 본봉실을 제거한 부분부터 상하루퍼의 장식실이 풀린다.

# 다양하고 특이한
# 스티치의 종류

### 커버스티치 미싱

끝단을 오버록하면서 스티치가 동시에 되는 미싱. 기성복의 밑단 처리에서 많이 볼 수 있다. 커버스티치나 체인스티치 등 봉합선의 종류를 고를 수 있다.

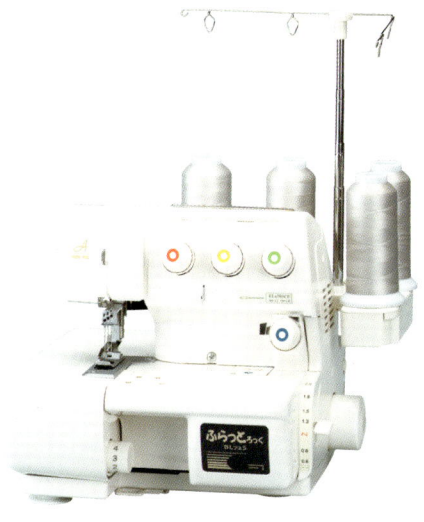

### 끝이 만나는 곳의 봉합 방법

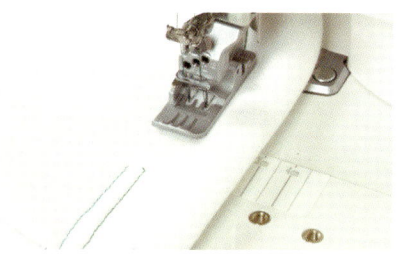

**1** 둘레를 봉합하면, 2~3cm 겹치게 봉합한다. 봉합 시작과 봉합 끝이 어긋나지 않도록 주의!

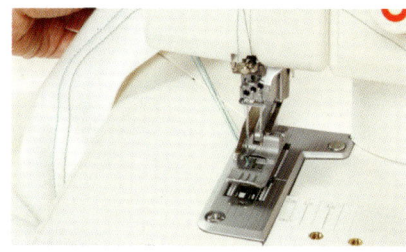

**2** 바늘, 노루발을 올려 바늘 구멍 앞에 실을 빼내어 왼쪽으로 기울이고 뒤로 천을 빼내어 10cm 정도 남기고 자른다. 바늘이 내려진 상태로 미싱을 밈췄을 때는 반드시 풀리 앞으로 바늘을 올린 후 실을 끊을 것!!

**3** 겉으로 나온 2개의 실을 잡아 뽑는다.

**4** 안에 남은 실은 봉합 끝 위치에 튼튼히 묶고 남는 실은 자른다.

---

**체인스티치**
1본침
안 　 겉

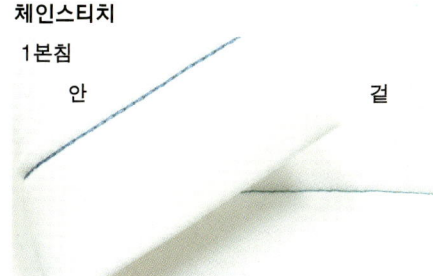

**커버스티치**
2본침
안 　 겉

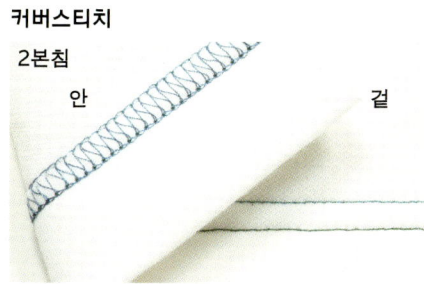

**커버스티치**
3본침
안 　 겉

---

### 웨이브형의 장식봉합이 가능한 오버록 미싱

4개의 자동장치가 있는 세계 최초의 저스트 피트 시스템(자동 실 조절)을 장비한 「웨이브록」.
원단의 두께에 관계없이 항상 예쁜 봉합선을 연출한다. 기본 오버록 외에 웨이브록이라는 오리지날 장식봉합이 가능한 것이 특징.

### 웨이브 록

얇은 원단이나, 저지 등의 신축성 소재이면 무엇이든 OK. 예쁜 웨이브 장식봉합을 간단하게.

😊 P.47참조

*본 기종은 NCC코리아의 'BABY LOCK 오버록'과 기능이 유사한 미싱입니다.

### 작품의 완성도를 좌우하는 중요한 실 고르기
# 실에 대해서
오버록 미싱에 적합한 실을 소개합니다.

#### 침(바늘)실과 상·하 루퍼실에 사용
**ATHENA 코아사**

풍부하고 다양한 색상의 가장 인기있는 가정용 미싱실. 어떤 원단과도 쉽게 어울리며 부드러운 바늘땀을 만듭니다. 마찰에도 잘 견디는 만능실입니다.

45수 2합 / 1000m / 폴리에스테르 60%, 나일론 40% / 총 38색

#### 상·하 루퍼실, 직선봉제(밑실)에 사용
**미로 우리실(날나리실)**

실의 굵기가 굵고 잘 늘어나는 부드러운 촉감의 울실로 바늘땀이 눈에 띄지 않는 장식스티치나 일부러 성글게 봉합하는 경우에 사용됩니다.

110dtex / 300m / 폴리에스테르 100% / 총 30색

**봉합선**

재봉실은 가정용 미싱과 오버록 미싱 겸용 오버록 미싱에 사용하는 경우에는, 바닥의 캡을 빼고 실이 도중에 뜨지 않게 설치할 수 있다. 캡은 송곳 등으로 간단하게 떼어낼 수 있다.

**가정용 미싱의 경우**

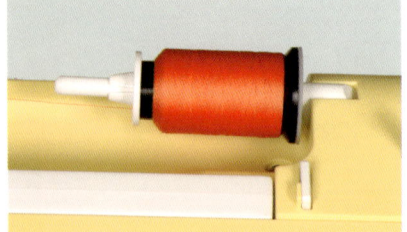

그대로 사용하면 OK.

**오버록 미싱의 경우**

바닥의 캡을 떼어내고 세팅하면 단단히 고정되어 안심.

#### 장식스티치에 사용
**Peacock 레인보우실**

한 개의 실을 여러 색의 컬러로 염색한 컬러풀한 실. 스티치, 장식스티치 등 화려하고 개성 강한 작품을 만듭니다.

60수 3합(일반 봉제용), 1000m / 30수 3합(스티치용), 600m / 폴리에스테르 100% / 총 8색

**봉합선**

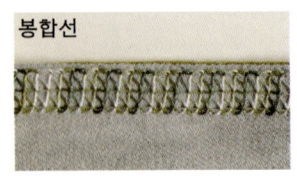

#### 장식스티치에 사용
**미라클 자수용봉제사**

중심이 되는 실에 특수 필름을 휘감아 빛의 굴절을 이용한 무지개색으로 빛나는 실. 일반 봉제, 장식스티치, 자수 등 폭넓게 사용 가능합니다.

120D 2합 / 1000m / 폴리에스테르 100% / 총 21색

**봉합선**

#### 어떤 원단을 고르면 좋을까?
# 저지에 대해서

「직물조직」으로 된 것에 반해 「뜨개조직」으로 된 것을 저지라고 말합니다.
제직방법에 따라 신축율이 다르므로, 원단을 고를 때에는 주의가 필요합니다.
T셔츠 등 목이 감싸지는 작품을 신축성이 적은 원단으로 만들면 머리가 들어가지 않는 불상사를 초래할 수 있습니다.
여기에서는 저지의 주된 종류와 특징을 소개합니다. 원단을 고를 때 꼭 참고해 주세요.

### 싱글저지
메리야스 조직(한 면 뜨개). 안과 겉이 구분되고 원단 끝이 말리기 쉽다. 약간의 강도가 있어 신축율이 낮다. 얇은 원단으로 비치므로 스커트 등으로는 부적합하다. 통기성이 좋으므로 봄, 여름 옷으로 적합하다.

### 후라이스
한면 고무뜨개. 겉면과 안면을 세로교차하여, 직조해서 겉과 안의 외관이 같다. 신축율이 높고, 특히 가로방향으로 잘 늘어나기에 스포츠 의류나 터틀넥 등 몸에 딱 맞는 옷에 적합하다. 속옷, 파자마, T셔츠 등에도 적합한 소재.

### PK저지
PK저지 조직. 겉면과 안면을 종횡교차로 짜맞춘 조직으로 겉면에 데코보코가 있다. 통기성이 우수해 쾌적성이 높아서 폴로셔츠나 T셔츠 등에 많이 사용한다.

### 스무스(양면저지)
메리야스 조직(양면 뜨개). 양면저지는 매끄럽고 부드럽다. 두께감이 있고, 신축성도 좋고, 보온성도 우수하다. 그 이름대로 스무스이기 때문에 가을, 겨울 파자마 등 직접 피부에 닿는 옷에 최적이다.

### 분또
메리야스를 축융한 소재. 니트의 외관을 유지하면서, 일반 직물과 같이 형태 안정성이 좋고 보온성이 우수하다.

### 쮸리
겉은 메리야스 뜨개. 안은 파일로 직조되어 두께감이 있다. 안쪽을 기모가공하여 털이 있기도 한다. 보온성, 흡수성이 높아 운동복이나 후드T 등에 적합하다.

### 시보리
후라이스와 같은 조직. 뜨개바늘을 적당한 간격을 두고 직조한 고무 뜨개조직. 특히 가로방향의 신축율이 높고, 운동복이나 점퍼의 옷깃, 소맷부리, 밑단 등에 많이 사용한다.

63

만들기 전에 알아둬야 할 것

# 패턴 만드는 방법

능률 높은 제작방법은 기본이 중요. 빠른 패턴 제작법과 사이즈 측정 방법을 마스터해 보아요.

● 참고 사이즈 (cm)

|  | S | M | L | LL | XL |
|---|---|---|---|---|---|
| 신장 | 165 | 173 | 178 | 180 | 182 |
| 가슴둘레 | 84 (78~86) | 90 (84~92) | 96 (90~98) | 100 (96~104) | 106 (102~110) |
| 어깨폭 | 42 | 44 | 46 | 48 | 50 |
| 소매길이 | 57 | 60 | 63 | 65 | 66 |

● 사이즈 측정 방법

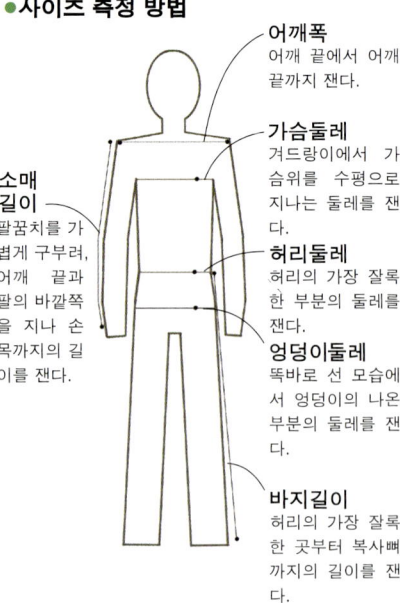

**어깨폭** 어깨 끝에서 어깨 끝까지 잰다.
**가슴둘레** 겨드랑이에서 가슴위를 수평으로 지나는 둘레를 잰다.
**소매길이** 팔꿈치를 가볍게 구부려, 어깨 끝과 팔의 바깥쪽을 지나 손목까지의 길이를 잰다.
**허리둘레** 허리의 가장 잘록한 부분의 둘레를 잰다.
**엉덩이둘레** 똑바로 선 모습에서 엉덩이의 나온 부분의 둘레를 잰다.
**바지길이** 허리의 가장 잘록한 곳부터 복사뼈까지의 길이를 잰다.

## 먼저 원단을 세탁한다.

니트원단을 세탁하면 줄어드는 특성이 있습니다. 「잘 만들었더니 세탁 후 입지 못하게 됐다.」라는 일이 생기지 않게 미리 원단을 선세탁하고 재단하도록 합시다.

## 만들고 싶은 옷의 패턴을 만든다.

● 실물크기 패턴을 옮기는 방법

**1** 만들고 싶은 작품의 패턴(사이즈는 아래를 참조)을 먼저 컬러마커(형광펜) 등으로 덧그리고, 알기 쉽도록 패턴지에 표시를 한다.

**2** 롤 부직포 등의 투명한 종이를 패턴에 겹쳐서 비뚤어지지 않도록 문진을 놓고, 연필로 그려 옮긴다. 식서방향, 맞춤점, 주머니 위치, 부속품의 명칭 등 패턴에 있는 것도 잊지 말고 그려 옮긴다.

★본 서적의 모든 패턴은 시접이 이미 포함되어 있으므로 봉합시접은 모두 7mm. 지정 이외는 1cm. 맞춤점은 S사이즈에 들어있는 선을 참조해서 시접 치수를 메모해 두세요.

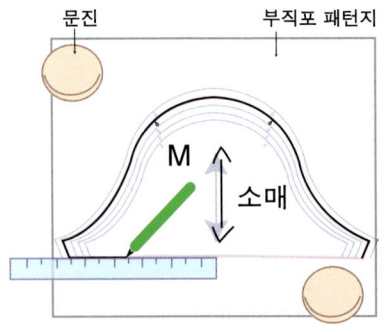

● 「골선」이 있는 패턴 옮기는 방법

**1** 2장의 패턴이 그려질 공간적 여유를 두고, 그림과 같이 부직포 패턴지에 그려 옮긴다.

**2** 옮긴 패턴을 「골선」을 중심으로 반으로 접어, 옮긴 선대로 칼이나 가위로 자른다.

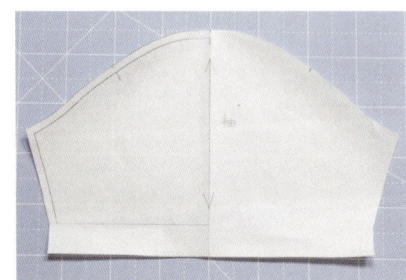

**3** 펴면 좌우대칭의 실물크기 패턴 완성.

## 체형에 맞춘 패턴 보정

신장은 M사이즈이지만 체형이 살이 쪘거나, 또는 마른 경우는 패턴을 수정해 만드는 것이 가능합니다. M사이즈로 살이 찐 경우는 밑단만 M사이즈로 하고, 그 외의 것을 한 사이즈 위인 L사이즈로 선택합니다. 반대로 말랐을 경우는 밑단만을 M사이즈로 하고 그 외의 것을 한 사이즈 아래인 S사이즈를 선택합니다.

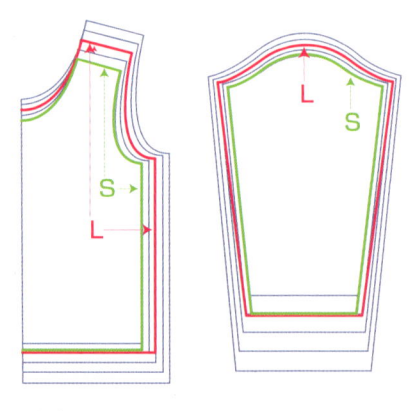

살이 찐 경우 … ━━
말랐을 경우 … ━━

### 도구 선택은 소잉 상급자로 가는 길.
# 정말 편리한 소잉 용품
작품을 빠르고 아름답게 완성하는 요령은 도구를 능숙하게 잘 다루는 것입니다. 잘 알고 사용하세요.

### 재단한다
원단을 재단할 때는, **컷팅매트** 위에 원단과 패턴을 겹쳐, 그 위에 비뚤어지지 않도록 문진을 놓는다. **원형 재단칼**로 패턴을 따라 원단을 자르면 가위처럼 원단이 뜨지 않기 때문에 말리기 쉬운 저지 소재도 빠르고 깨끗하고 정확하게 컷팅이 가능하다.

### 다림질을 한다
시접을 꺾어 다릴 때 빠뜨릴 수 없는 **아이론 시접자**. 대형 다리미 매트는 반 접어 사용이 가능하고 이동도 편리. 또한 뒤쪽에 눈금이 있어서 긋는 것도 편리하다.

### 시침한다
원단을 봉합할 때, 시침핀보다는 **시접 고정용 집게**. 집게 사용이 부드러운데다가 옷감이 비뚤어지지 않고, 빼는 것을 잊을 걱정도 없다.

 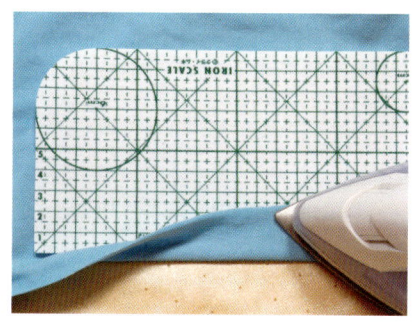 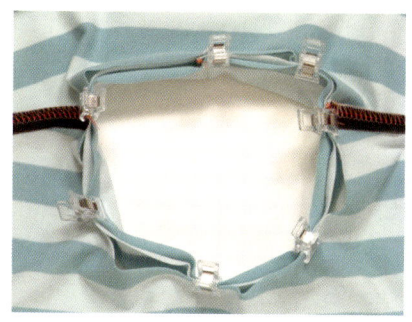

### 누른다
손가락으로 누를 수 없는 좁은 부분은 **핀셋**으로 확실하게 누르면서 봉합해 나가면 안심. 미싱 옆에 상비해두면 편리하다.

### 실 뜯기·형태를 정리한다
**볼 포인트 송곳**은 끝이 둥글기 때문에 실수로 천을 찔러도 손상되지 않아 안심. 실이 걸리는 홈이 있어서 당기기 쉽다.

### 접착심을 붙인다
롤 상태로 말려있는 **소잉심지**. 옷깃이나 대는 천 등의 폭이 좁은 부분을 붙이기에 편리. 다리미판에 들러붙지 않게 **다리미 시트**를 사용하면 좋다.

 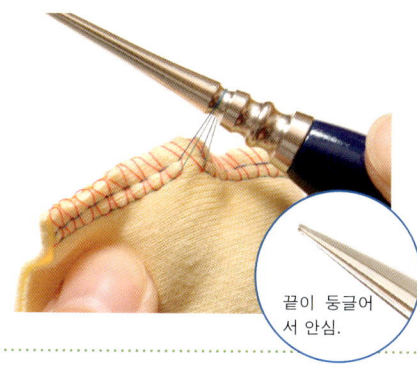 

끝이 둥글어서 안심.

### 항상 준비해야하는 소잉테이프
원단의 늘어남을 방지하기 위해 필요한 접착테이프. 각각의 특징을 살려서 쓰세요.

**소잉테이프**
(접착테이스 심지
-다데 테이프)
어깨, 소매둘레, 옷깃둘레, 앞판 등 늘어남을 방지하기 위해 다리미로 붙여 사용합니다.
😊 *P.25* 참조

**★파워 멜트테이프**
(양면 열접착테이프)
소맷부리나 밑단 처리. 다리미로 간단히 반고정 가능한 접착테이프. 투명하게 보이는 것이 특징입니다.

**★패브릭 워셔블 매직테이프**
세탁에 의해 완전히 제거되는 수용성 물질의 접착제와 테이프로 만들어진 제품으로 양면 열접착 테이프와 같은 기능을 합니다. 봉합전 임시고정, 말리는 원단 봉제, 지퍼 부착 등에 사용하면 봉제가 훨씬 수월합니다.
😊 *P.35* 참조

# 키워드 Index

이 책에 나온 중요단어입니다. 오버록 미싱에 해당하는 단어로 소개하므로 참고해 주세요.

**ㄱ**
가윗집 주는 방법 24

**ㄴ**
늘림봉합 59

**ㄷ**
다리미 매트 25,65
단춧구멍 49
땀 수 59
땀 폭 58

**ㄹ**
루퍼실 58,59

**ㅁ**
맞춤점 24,64
문진 64,65

**ㅂ**
벌려주기 봉합 30,32
병풍접어 박기 26,32,37
볼 포인트 송곳 65

**ㅅ**
소잉심지
28,36,39,41,44,46,50,52,57,65
소잉테이프
24,25,27,28,36,39,41,44,46,50,53,57,65
송곳 49,65
수축봉합 59
시접 고정용 집게 25,31,34,37,45,65
실 장력조절 다이얼 59
실꼬리 26
실 끝 처리 26,31,32,61
실뜨기 방법 60

**ㅇ**
아랫루퍼실 59
아이론 시접자 25,65
패브릭 워셔블 매직테이프
29,35,37,38,39,42,52,65
오버록 58
미로 우리실 62
외각의 봉합 방법 60
원형 재단칼 24,65
웨이브록 47,61
웨이브록 미싱 47,61
윗루퍼실 59
윗실 58

**ㅈ**
장식스티치 30,62
지퍼달기 35

**ㅊ**
차동 24,59
침판 60

**ㅋ**
칼날고정 24,58,60
커버스티치 53,61
커브
(내각 커브·외각 커브)의 봉합 방법 60
컷팅매트 65

**ㅌ**
테이핑 노루발 51,53

**ㅍ**
파이핑 노루발 33
핀셋 26,48,54

**0~9**
1본침3본사 58
1본침2본사 58
2본침4본사 58

---

Kurai Muki Pattern Sewing
크라이 무끼의 LaLaLa 4
**오버록 미싱 ★ 남성복**

### 저자소개

**크라이 무끼**
본명 크라이 미유끼. 1949년생 물병좌. 岩手県花巻市출신. 여자미술단기대학 졸업 후, 1971년부터 프리 디자이너로 활동. 2001년부터 자신의 아뜰리에를 오픈, 소잉교실을 개최. 현재, 잡지, TV, 세미나 이외에 미싱 프로듀서 등 각 방면으로 활약중.

KURAI MUKI NO LaLaLa4 ROKKU MISHIN MEN'S
Copyright(c) Muki Kurai 2008, (c) NIHON VOGUE-SHA 2008.
Photographer: Hironobu Matsui.
Model: Takeshi Sato, Takuro Tanaka.
Original Japanese edition published by NIHON VOGUE Co,.ltd.
This Korean edition is published by arrangement with NIHON VOGUE Co,.ltd., Tokyo JAPAN.

이 책의 한국어판 저작권은 DAIJO CO., LTD.,를 통한 NIHON VOGUE CO., LTD., Tokyo와의 독점계약으로 KOHAS CO., LTD.,에 있습니다.

신저작권법에 의해 한국 내에서 보호를 받는 저작물이므로 무단전재와 무단복제를 금합니다.

초판 1쇄 발행 2010년 6월 5일
2판 1쇄 발행 2012년 4월 6일
2판 2쇄 발행 2014년 7월 7일
저자 Kurai Muki
발행인 신현호, 정용효
기획/제작 이재숙, 임태훈, 정미정, **국효은**
편집 김미향
번역 김소영
감수 정용효
인쇄 (주)자윤프린팅

등록번호 제 362-2009-7호
등록일자 2009년 5월 26일
발행처 (주)코하스 소잉스토리
　　　 광주광역시 북구 무등로 120
　　　 해은회관 7층
전화 070-8893-9218
팩스 062-515-8958
홈페이지 www.sewingstory.com

SBN 978-89-94710-30-3　14590
판매가 13,500원

● 잘못된 책은 구입처에서 교환해 드립니다.
● 소잉스토리는 소잉DIY 취미 실용서와 잡지를 출간합니다.

HAPPYBEARS

양모처럼 부드럽고 가벼운 **고급 날나리실**
다이마루, 저지, 수영복 원단 등 스판성 있는
원단을 봉제하거나 퀼팅작업을 할 때 **밑실전용**으로!
또 가장자리 **오버록, 인터록** 처리 시,
고급스럽게 마무리합니다.

## LaLa

꽃잎처럼 부드러운 감촉의
LaLa Thread
라라실

Nylon 100%    Made in Korea

〈 구입처 〉
패션스타트 (fashionstart.net)/FSA 교육장
심플소잉 (simplesewing.co.kr)/심플소잉 NCC 대리점
퀼트스타 (quiltstar.co.kr)/그 외 온·오프라인

## About LaLa  작품에 싱그러운 생기를 불어 넣어줄 하이퀄리티 봉제실

### 1. Soft 부드러운 터치감
울실과 같은 부드러운 촉감으로, 밑실로 사용했을 때 피부에 닿는 느낌이 포근하고 부드러워서 아이들 피부에도 자극이 없습니다. 또한 다이마루나 울원단 같은 부드러운 소재와 잘 어울려 인터록, 오버록용으로 사용하기 좋습니다

### 2. Strong 최상의 인장강도와 탄성
강도와 탄성이 우수하여 봉제 시 잘 끊어지지 않고, 신축성이 좋은 나일론 100%로 제작되어 스판성 있는 원단도 봉제하기 좋습니다.

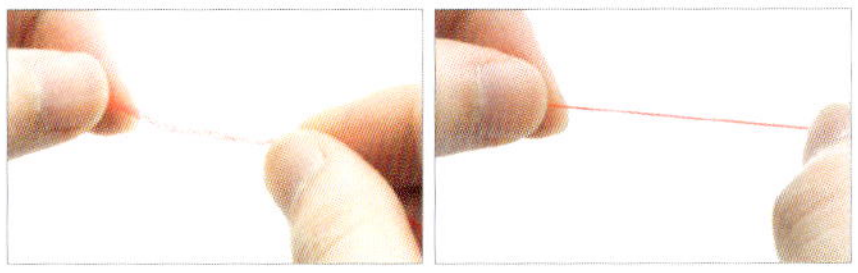

### 라라실로 작업해 볼까요?
보송보송한 텍스쳐로 피부에 닿는 느낌도 좋고 작업 후 느낌도 고급스럽고 멋스럽습니다.

### 3. Color 고급스러운 색감
포근하고 고급스럽게 연출되는 총 25가지 컬러로, 광택감 또한 우수하여 작품의 완성도를 더욱 더 높여줍니다.

### 4. Size 실용적인 디자인
1콘당 350m정도 감겨있으며 가정용 미싱에 사용하기 좋은 3×5(cm) 사이즈! 미니사이즈로 제작되었기 때문에 사용과 관리가 무척 편리합니다. 또한 실패 끝에 여닫는 부분이 있어서 실을 넣고 닫아주면 실이 풀리지 않아서 보관이 good~

보다 자세한 제품 정보를 확인해보세요.

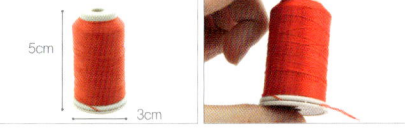

나일론100%
100D/2  350m

## 패션스타트가 제안하는 LaLaLa 4 함께하기

라라라 4권에 나와있는 작품제작을 돕기 위해 '대한민국 대표 패션 DIY 쇼핑몰 패션스타트' MD들이
수많은 원단에서 중요한 원단만을 선별하여 추천해드립니다.
그동안 일본서적을 보며 원단 고르기가 정말 힘들었던 점을 감안해 작품 속 원단과 가장 유사한 상품으로 보여드립니다.
각종 포털사이트에서 '패션스타트'를 검색하셔서 편리한 쇼핑 해보세요.

### 활용도 최고! 캐주얼 한 쮸리원단!

검색창 "단색쮸리"

간절기 뿐만 아니라 4계절 내내 활용도가 높은 쮸리원단.
간편한 기본티부터 후드티, 짚업스타일, 팬츠 등 다양한 아이템으로 제작이 가능하며
대부분 면소재로 연출되어 피부에게도 편안함을 주는 원단.
캐주얼 한 쮸리원단으로 편안한 스타일을 연출이 가능하며 베이직한 아이템이 적합.

소재 : 면

데일리 미니쮸리

소프트 코튼 미니쮸리

소프트 미니쮸리

### 기능성 아이템, PK 원단

검색창 "PK 다이마루"

봄부터 여름까지 그 사용용도가 점차적으로 늘어나고 있는 S/S 시즌 메인아이템 원단.
우수한 통기성과 흡습성으로 많은 활동량을 가진 이들에게 권하는 상품으로
가벼운 중량감과 청량감까지 느낄 수 있는 상품이 바로 'PK원단'.
매년 트렌드 아이템으로 주목받으며 일반 원단과는 다르게 '기능성'에 포커스를 맞추었으며
캐주얼 한 나만의 유니크 한 아이템으로 제작이 가능함.

소재 : 면 또는 폴리에스테르

데일리 PK 다이마루

실켓 PK 다이마루

PK 다이마루 스판

대한민국 대표 패션 DIY 쇼핑몰
**Fashion start**
행복한 소잉을 함께하는 파트너 패션스타트...♥

www.fashionstart.net
대표번호 1644-8957

## 10가지 Color 고밀도 분또

검색창 "고밀도 분또스판"

톡톡한 두께감과 캐쥬얼한 아이템에 많이 이용되는 단색 분또원단.
자켓, 팬츠, 베스트, 점퍼, 후드 등 가장 많은 아이템으로 제작이 가능한 원단.
고급스러운 스타일을 연출함과 동시에 트레이닝복 및
이지웨어 스타일까지 모두 작품 제작이 가능.
다이마루 원단 특유의 촉감 및 착용감으로 직접 보면 그 만족이 더욱 큰 원단.

　소재 : 면

고밀도 분또

고밀도 분또

고밀도 분또

분또스판

분또스판

분또스판

## 캐주얼 한 느낌의 스트라이프

검색창 "캐주얼 스트라이프"

그 동안 베이직 한 아이템으로 가장 많이 활용되었던 스트라이프 원단.
점점 캐주얼 한 의상에서도 쓰임새가 다양해지며
중요한 패턴으로 인식이 되고 있으며 깔끔한 느낌이 특징.
다양한 두께감을 가진 원단으로 선택의 폭이 넓어 원하는 작품제작이 가능.
베이직 한 캐주얼 풍의 아이템 제작에 적합한 원단.

　소재 : 면

줄무늬 다이마루

줄무늬 다이마루

줄무늬 다이마루

스마트폰으로
만나보세요~

# Simple Sewing

바느질 한땀 한땀의 숨결이 묻어 있는 핸드메이드
프리미엄 내추럴 리넨 쇼핑몰

www.simplesewing.co.kr

## ORIGINAL HANDMADE
1644-5744